Le présent ouvrage a été publié
avec le soutien de
l'Académie Nicaraguayenne de la Langue
ANL

"En espíritu unido, en espíritu y ansias y lengua."

Titres de la Collection:
"*Travaux Panofskiens*"

7. *La Chute d'Icare* de Brueghel l'Ancien: Une allégorie du Péché Originel?, 2019, 132 p.
8. *La Création d'Adam*: Pic de la Mirandole, le statut de l'homme face à Dieu, et le néoplatonisme de Michel-Ange dans ses fresques pour la Chapelle Sixtine, 2019, 264 p.
9. *4'33"* de John Cage: Une étude sur le Silence, 2019, 388 p.
10. *La calomnie d'Apelle* considérée comme thème iconographique: Vers une rationalisation de l'interprétation de l'*Allégorie des Vices* de Mantegna, 2019, 1302 p.
11. *Le Plaisir - Jeune fille mangeant un oiseau* de René Magritte: Analyse génétique du thème de l'oiseau mort, dans les arts et dans la littérature, de Boccace et Chaucer, à Greuze, Huidobro et Buckowski, 2019, 722 p.
12. *Le Grand Verre* de Marcel Duchamp: Un modèle analytique pour les études sur l'art abstrait, 2019, 1374 p.
13. *L'Espérance* d'Heinrich Vogtherr l'Ancien et l'élaboration du répertoire de la Renaissance: Une interprétation du syncrétisme emblématique dans l'analyse iconographique, 2019, 250 p.
14. *Le Chevalier, la Mort et le Diable* d'Albrecht Dürer: analyse "oliverienne" d'un cas d'école, 2019, 364 p.
15. Le *Cuirassier blessé, quittant le feu* et l'apologie patriotique chez Géricault, 2019, 268 p.
16. "*El sueño de la razón produce monstruos*" de Francisco de Goya: sens et fonction, 2019, 236 p.

17. *Las Meninas* de Diego Velázquez: un exemple de "*pathosformel*", 2019, 332 p.

18. *Le Concert champêtre* et la question de l'évidence visuelle, 2019, 108 p.

19. Toute la vérité sur la Surface de Dieu d'Alfred Jarry - Conférence pour l'inauguration de la Chaire d'Épistémologie panofskienne du Collège de 'Pataphysique international, 2019, 164 p.

La Collection "*Travaux Panofskiens*" est dédiée à l'étude des oeuvres d'art de la période moderne (XIIème-XVIIIème siècles) et de la période contemporaine (XIXème-XXIème siècles), à partir de plusieurs concepts des études de l'École de Warburg, notamment représentés dans les travaux de son principal représentant Erwin Panofsky. Ces concepts sont les suivants:

La transmission des symboles culturels entre les époques, et la permanence de leur représentation;

L'étude des oeuvres d'art comme matériel pour comprendre leur époque et l'histoire des mentalités qui y est liée, c'est-à-dire, inversement, les idées, les pratiques et les moeurs, que révèlent les oeuvres d'art;

En ce sens, l'interaction entre les cosmos de cultures profane et religieuse, d'une part, et populaire, cultivée et savante, d'autre part.

Le principal apport de la présente Collection, ou son principal projet en tous cas, est d'aborder, non seulement les oeuvres de l'époque moderne, champ d'étude particulier de l'École de Warburg et de Panofsky, mais d'amplifier cedit champ à celui de la contemporanéité, en particulier des avant-gardes, afin, non seulement d'appliquer la méthode panofskienne à l'art contemporain, mais encore pour en expérimenter la pertinence dans le cadre visuel de la non figuration et de l'abstraction (soit-elle, celle-ci, thématique ou formelle).

Dr. N.-B. Barbe

Norbert-Bertrand Barbe
Membre Honoraire de l'Académie
Nicaraguayenne de la Langue

Toute la vérité sur la Surface de Dieu d'Alfred Jarry

- Conférence pour l'inauguration de la Chaire d'Épistémologie panofskienne du Collège de 'Pataphysique international

ISBN: 978-2-35424-229-9

Collection "*Travaux Panofskiens*"

"*He proves by algebra that Shakespeare's ghost is Hamlet's grandfather. Sargent peered askance through his slanted glasses.../*
Across the page the symbols moved in grave morrice, in the mummery of their letters, wearing quaint caps of squares and cubes."
(James Joyce, *Ulysses*, I)

En espérant que les mathématiciens nous excusent d'avoir emprunté la voie dangereuse de leur discipline, qui n'est certainement pas la nôtre.

En ce sens, le présent ouvrage est dédié à celui auquel nous croyons pouvoir prodiguer le nom d'ami (pourtant toujours si délicat), malgré l'éloignement géographique historique qui nous sépare depuis trop longtemps: Claude Frontisi, mathématicien de formation (lequel n'est évidemment en rien responsable des erreurs, incorrections, contre-vérités, etc., tristement probables au cours du développement qui va suivre), et qui fut, durant plusieurs années, et un peu avant la fin du siècle, notre Professeur d'Histoire de l'Art contemporain à l'Université Paris X-Nanterre, s'avouant toujours très porté au souvenir de cette provenance disciplinaire dans les cours qu'il nous donnait sur les implications visuelles des formes abstraites, d'origine géométrique, utilisées par les avant-gardes.

À son épouse, la très reconnue mythographe Mme Françoise Frontisi-Ducroux, à laquelle, pour cela, tout à la fois nous avons songé à envoyer, pour finalement ne pas oser le faire, notre long ouvrage *Mythologie comparée sur la prudence matrimoniale des femmes* (2014-2019), qu'ici cependant, en compensation, nous lui offrons symboliquement, au titre des nombreuses heures où nous lui avons emprêté son mari, en abusant de la bonne volonté et de la gentillesse de celui-ci à notre égard.

Finalement, à Gilbert Lascault, notre Professeur également d'Esthétique à la même Université durant les mêmes années, et devenu postérieurement Régent du Collège de Pataphysique pour la Chaire de Tératoscopie & Dinographie, en hommage à ses "*séminaires de l'incertitude*", qui consistaient essentiellement à remettre aux mains de ses étudiants la charge entière du contenu académique et de son développement, méthode qui nous a, tout à la fois, beaucoup appris, pour la mise en miroir qu'elle représentait, et dont nous avons fortement vanté les bienfaits dans notre ouvrage sur les questions d'andragogie universitaire[1], sans que toutefois cela nous empêche de continuer, après plus de trente ans survenus, de soupçonner qu'ils étaient une manière, rabelaisienne si l'on veut ("*Fais ce que voudras*"), d'éviter d'avoir à préparer ses cours. Car, comme nous allons le voir, pour lui comme pour le Docteur Faustroll:

"*dieu est le point tangent de zéro et de l'infini.*", mais surtout:

"*La Pataphysique est la science...*"

---

[1] *Escritos Pedagógicos sobre Cuestiones de Andragogía Universitaria Latinoamericana*, 2019.

SOMMAIRE GÉNÉRALE DU PRÉSENT VOLUME

$\mathcal{L}$a définition de Dieu par Alfred Jarry a intéressé les interprètes, bien que de manière jamais suffisante pour qu'ils révisent avec précision la représentation mathématique qu'il en donne, et sa pertinence, au-delà d'une occurrence.

1. Prémisse

On sait, bien sûr, que l'oeuvre de Jarry est, avant tout, une oeuvre de lycéen, comme le rappelle:

"Paul Léautaud, dans son Journal littéraire, écrit le jeudi 7 novembre 1907, peu de temps après la mort d'Alfred Jarry: «Ubu roi est une œuvre d'élèves de collège écrite au collège pour ridiculiser un professeur par Jarry et deux de ses camarades, et représentée en famille chez la mère de Jarry, laquelle a confectionné elle-même le chapeau de la marionnette d'Ubu».
Charles Morin, camarade d'Alfred Jarry, rédige un épisode mettant en scène «P. H.» devenu roi de Pologne, qui prend la forme d'une pièce pour marionnettes, Les Polonais, en 1885."[1]

"Le personnage d'Ubu (étant) *inspiré de monsieur Hébert, professeur de physique au lycée de Rennes où Alfred Jarry a étudié. Il représentait pour ses élèves l'incarnation même du grotesque. Les aventures du «père Hébert», comme il était surnommé, faisaient l'objet de farces écrites par les lycéens, qui multipliaient les déclinaisons portant à l'andouille. Tous les doubles sens sémantiques devenaient possibles."*[2]

Mais il n'a, à notre connaissance, pas été noté par la science littéraire que le couple d'Ubu rappelle celui de Macbeth, et son histoire celle de Claudius et Gertrude dans *Hamlet*[3]. Ni, pareillement, que les déclinaisons autour de l'andouille dans *Ubu*, si elles font référence au professeur Félix-Frédéric Hébert, sont aussi une assez évidente reprise en cela de l'obsession rabelaisienne, tout comme les mots transformés et la "*merdre*" de Jarry de la "*foyre, bren, crottes, merde, fiant, dejection, matiere fecale, excrement, repaire, laisse, esmeut, fumée, estron, scybale ou spyrathe*" de la fin du *Quart-Livre*, où elle abonde[4] (dont le voyage pantagruélique n'est pas sans avoir, aussi, de très clairs rapports avec celui du Dr. Faustroll chez Jarry, nous y reviendrons).

Or, selon le même principe, les éléments, notamment de la fin (Livre VIII, cap. XL-XLI) de *Gestes et opinions du docteur Faustroll, pataphysicien* (écrit en 1897-1898[5], édité pour la première fois chez Fasquelle, 1911)[6], ne sont rien d'autre qu'un mélange d'imitations de fragments antiques, avec des bribes de théologie, de mathématique et de géométrie.

C'est donc en tant que potache, nous semble-t'il, qu'il faut comprendre la fin de *Gestes et opinions du docteur Faustroll, pataphysicien* sur Dieu, donc sur une question de catéchisme, centrale pour l'éducation de l'époque.

2. La partie mathématique
La partie de la description de Dieu, au moins en ce qui concerne sa description mathématique, est assez courte.
Reproduisons-la:

"Donc, POSTULAT:
Jusqu'à plus ample informé et pour notre commodité provisoire, nous supposons Dieu dans un plan et sous la figure symbolique de trois droites égales, de longueur a, issues d'un même point et faisant entre elles des angles de 120 degrés. C'est de l'espace compris entre elles, ou du triangle obtenu en joignant les trois points les plus éloignés de ces droites, que nous nous proposons de calculer la surface.
Soit x la médiane prolongement d'une des Personnes a, 2y le côté du triangle auquel elle est perpendiculaire, N et P les prolongements de la droite (a + x) dans les deux sens à l'infini.
Nous avons:
$x = \infty - N - a - P.$
Or
$N = \infty - 0.$
et
$P = 0.$
D'où
$x = \infty - (\infty - 0) - a - 0 = \infty - \infty + 0 - a - 0.$
$x = -a.$
D'autre part, le triangle rectangle dont les côtés sont a, x et y nous donne

$a^2 = x^2 + y^2$.
Il vient, en substituant à x sa valeur (−a)
$a^2 = (−a^2) + y^2 = a^2 + y^2$.
D'où
$y^2 = a^2 − a^2 = 0$
et
$y = \sqrt{0}$
Donc la surface du triangle équilatéral qui a pour bissectrices de ses angles les trois droites a sera
$S = y(x + a) = \sqrt{0}(−a + a)$
$S = 0\sqrt{0}$
COROLLAIRE. — A première vue du radical $\sqrt{0}$, nous pouvons affirmer que la surface calculée est une ligne au plus; en second lieu, si nous construisons la figure selon les valeurs obtenues pour x et y, nous consttons:
Que la droite 2y, que nous savons maintenant être $2\sqrt{0}$, a son point d'intersection sur une des droites a en sens inverse de notre première hypothèse, puisque $x = −a$; et que la base de notre triangle coïncide avec son sommet;
Que les deux droites a font avec la première des angles plus petits au moins que 60°, et bien plus ne peuvent rencontrer $2\sqrt{0}$ qu'en coïncidant avec la première droite a.
Ce qui est conforme au dogme de l'équivalence des trois Personnes entre elles et à leur somme."[7]

Si l'on reprend la séquence proposée par Jarry, on se rend compte que le théorème de base sur lequel se fonde ici Jarry est, évidemment, celui définissant la surface d'un "*triangle équilatéral*" (dont il nomme, en outre par deux fois[8], explicitement la forme, ne nous permettant, dès lors, plus de doute à ce sujet): $S = a^2 \sin(60°) / 2$, où S est la Surface, et a la Longueur d'un des côtés.

On sait que "*x (est) la médiane prolongement d'une des Personnes a, 2y le côté du triangle auquel elle est perpendiculaire, N et P les prolongements de la droite (a + x) dans les deux sens à l'infini.*"
Soit que (segments/dimensions): $a + x + N + P = \infty$
Soit: $x = \infty − N − a − P$

De fait, si l'on reprend la démonstration de Jarry:

"$x = \infty − N − a − P$.

3

Or
$N = \infty - 0$.
et
$P = 0$.
D'où
$x = \infty - (\infty - 0) - a - 0 = \infty - \infty + 0 - a - 0$. $x = -a$.
D'autre part, le triangle rectangle dont les côtés sont a, x et y nous donne
$a^2 = x^2 + y^2$."

Dans les deux dernières lignes, Jarry reprend la règle de Pythagore[9] pour calculer l'hypothénuse[10], a y étant l'hypothénuse.

Sachant que *"La loi des cosinus généralise le théorème de Pythagore, puisqu'elle permet d'énoncer que l'angle γ est droit (autrement dit cos γ = 0) si et seulement si $c^2 = a^2 + b^2$."*[11]

Si la séquence ne présente pas, mathématiquement, de difficulté particulière, du moins en ce qu'elle représente l'inversion des termes selon leur position d'un côté ou de l'autre de l'équation originale, jusqu'à pouvoir postuler la proximité de zéro, nous surprend l'incohérence des deux postulats que, pour une part:

"N et P les prolongements de la droite (a + x) dans les deux sens à l'infini.",

Alors que, de l'autre:

"N = ∞ - 0.
et
P = 0"

Mais ceci nous révèle que le second terme, P, est considéré par Jarry, non comme un segment vers l'infini, contrairement à ce qu'il postule au début, mais bien, pour pouvoir arriver à son égalité avec zéro, comme le point de départ du segment qui, on le déduit, ne va réellement vers l'infini que du côté N.

La définition que nous donne Jarry semble ainsi être celle d'une équation cartésienne de la droite NP où (N; P) = (∞; 0). Selon, nous l'avons dit, la formule: a + x + N + P = ∞.

De fait:

"Toute droite (d) a une équation de la forme ax + by + c = 0
avec (a; b) (0; 0). Un vecteur directeur de (d) est →u (-b; a)
Remarque: Une droite (d) admet une infinité d'équations cartésiennes
En effet, si ax + by + c = 0 est une équation cartésienne de (d), alors pour tout réel k
non nul, kax + kby + kc = 0 est une autre équation de la même droite.
2) Propriété réciproque
L'ensemble des points M (x; y) vérifiant l'équation: ax + by + c = 0 avec (a; b) ≠ (0;
0) est une droite de vecteur directeur →u (-b; a)"[12]

P, dès lors, apparaît comme un point du plan, en relation avec un vecteur directeur N[13].

Là où Jarry dérive les relations, c'est donc lorsqu'il fait passer la valeur vectorielle de l'équation cartésienne[14] dans le cadre de l'équation de calcul de surface géométrique du triangle de son plan, arrivant, par ce biais, à l'identité entre vecteur (de l'équation cartésienne) et segment (du Théorème de Pythagore).

Le paradoxe mathématique qu'il arrive, ainsi, à créer correspond au glissement du concept de la colinéarité[15] vectorielle, fondée sur la notion de limites[16], c'est-à-dire d'un espace métrique[17] lié à la droite réelle achevée[18], vers un plan projectif de ligne idéale[19], qui réduit la surface triangulaire[20] à une ligne complexe à l'infini[21].

Ainsi, il faut diviser les deux parties de l'élaboration de Jarry, d'abord celle où il parle de la ligne:

"Nous avons:
$x = \infty - N - a - P.$
Or
$N = \infty - 0.$
et
$P = 0.$
D'où
$x = \infty - (\infty - 0) - a - 0 = \infty - \infty + 0 - a - 0.$
$x = -a."$

ensuite, celle où il parle du triangle:

"D'autre part, le triangle rectangle dont les côtés sont a, x et y nous donne
$a^2 = x^2 + y^2$.
Il vient, en substituant à x sa valeur (−a)
$a^2 = (−a^2) + y^2 = a^2 + y^2$.
D'où
$y^2 = a^2 − a^2 = 0$"

Dans la première partie, il semble évoquer l'équation cartésienne, implicite ou générale, de la ligne, sachant qu'ici, P étant égal à 0, comme le postule Jarry, évidemment, ne reste que N égale à l'infini.

En ce sens, l'équation "$N = \infty − 0$" n'a que peu d'intérêt, N étant, en réalité, égale à soi-même[22]. Toutefois, Jarry respecte bien ici l'écriture de l'équation d'une droite passant par l'origine[23].

L'incohérence est, que si l'on devait calculer, comme le prétend Jarry, la surface (ou l'aire) du triangle dans le plan cartésien, la formule serait:

A = 1/2b h[24]

Soit à dire que l'aire du triangle correspond à la multiplication de la base du triangle par la hauteur divisé par deux.

En tous cas, Jarry parlant d'un triangle-rectangle, celui formé par l'axe (ou le vecteur) →PN, c'est bien, dès lors, la mesure (a + x) qui correspond à la hauteur dudit triangle.

Le hiatus de Jarry vient de ce qu'il détermine x par la formule "$x = \infty − N − a − P$", ce qui est certes vrai (pour obtenir la seule longueur de x il faut quitter celle de a, que x augmente dans la description de Jarry ["*Soit x la médiane prolongement d'une des Personnes a*"], et l'infini, c'est-à-dire les extensions N et P, quoiqu'il réduit en fait P à l'origine - puisqu'il nous dit que

6

"*P = 0*" -, ce qui devient alors illogique dans et pour sa démonstration).

Dès lors, si x est égale à l'infini moins N qui est l'infini moins a moins P qui ne vaut rien, x ne peut être égal qu'à moins a, par simple soustraction.

Mais, dès lors, nous l'avons dit, nous ne nous plaçons plus dans une formule de calcul d'aire, mais dans une formule de description vectorielle de position de ligne.

Par conséquent, lorsqu'il reporte arbitrairement, après avoir procédé à l'incorrection, dans son propre développement, d'identifier N à la fois à l'origine (0) et à l'infini (∞), l'utilisant finalement comme zéro (ce qui n'est pas exactement pareil que comme origine, puisque, là encore, dès lors il fait passer, pour ainsi dire, la valeur nominale de 0 comme origine à une valeur quantifiable mathématiquement dans une opération de densité spatiale, dit autrement il confond un point dans l'espace avec une surface dans ce même espace - ou plus précisément encore - avec la valeur numérique de mesure référente à cette surface, même si l'on est bien d'accord que tout point aura une surface propre), lorsque, disons-nous, il reporte l'origine à un zéro opératoire si l'on veut, cela lui permet tout naturellement de remplacer dans le Théorème de Pythagore le x par sa valeur ainsi acquise erronément afin de lui permettre d'arriver numériquement à une impossibilité mathématique, à savoir à l'application conclusive d'une surface nulle (littéralement au carré) de et pour son triangle:

"*D'où*
$y^2 = a^2 - a^2 = 0$
et
$y = \sqrt{0}$
Donc la surface du triangle équilatéral qui a pour bissectrices de ses angles les trois droites a sera
$S = y(x + a) = \sqrt{0}(-a + a)$
$S = 0\sqrt{0}$"

3. La partie de la religion

Mais cette démonstration, faussement donc, mathématique n'a d'autre but que de soutenir, par une argutie pythagoricienne[25], donc traditionnelle en cela du procédé religieux[26], la définition de Dieu comme cercle, image par ailleurs classique (on la trouve chez Pseudo-Denys l'Aréopagite[27], qui semble bien énoncer cette antilogie qui veut que Dieu soit, potentiellement, à la fois centre et circonférence[28]).

Dans cette métaphore, plus l'âme s'approche du centre, plus elle se rapproche de Dieu. Donc Jarry, métaphysiquement, a, là, au contraire de sa démonstration mathématique, parfaitement raison d'affirmer en introduction de sa démonstration géométrique, non par rapport au cercle (bien que cela nous renvoie implicitement à la question cartésienne du lien entre les deux figures[29]), mais par rapport au triangle symbole comme il le rappelle des Trois Personnes Divines:

"Symboliquement on signifie Dieu par un triangle, mais les trois Personnes ne doivent pas en être considérées comme les sommets ni les côtés. Ce sont les trois hauteurs d'un autre triangle équilatéral circonscrit au traditionnel. Cette hypothèse est conforme aux révélations d'Anne-Catherine Emmerich, qui vit la croix (que nous considérerons comme symbole du Verbe de Dieu) en forme d'Y, et ne l'explique que par cette raison physique, qu'aucun bras de longueur humaine n'eût pu être étendu jusqu'aux clous des branches d'un Tau."[30]

Et, en conclusion de sa démonstration géométrique:

"Ce qui est conforme au dogme de l'équivalence des trois Personnes entre elles et à leur somme.
Nous pouvons dire que a est une droite qui joint 0 à ∞, et définir Dieu:
Définition. — Dieu est le plus court chemin de zéro à l'infini.
Dans quel sens? dira-t-on.
— Nous répondrons que Son prénom n'est pas Jules, mais Plus-et-Moins. Et l'on doit dire:
± Dieu est le plus court chemin de 0 à ∞, dans un sens ou dans l'autre.
Ce qui est conforme à la croyance aux deux principes; mais il est plus exact d'attribuer le signe + à celui de la croyance du sujet.
Mais Dieu étant inétendu n'est pas une ligne.
— Remarquons en effet que, d'après l'identité

8

$\infty - 0 - a + a + 0 = \infty$
la longueur a est nulle, a n'est pas une ligne, mais un point.
Donc, définitivement:
dieu est le point tangent de zéro et de l'infini.
La Pataphysique est la science..."[31]

La Pataphysique qu'il définit ainsi n'étant autre, on le voit donc bien, que la théologie et, pour le lycéen et étudiant qu'il avait à peine terminé d'être, son catéchisme.

Si Jarry définit ainsi le triangle des Trois Personnes, il renvoie, en réalité, par sa démonstration, nous l'avons dit, au cercle-Dieu de la théologie classique.

Jarry nous postule en effet, doublement, une surface nulle (celle de son triangle), laquelle équivaudrait à une ligne (très exactement selon le principe du *Flatland - A Romance of Many Dimensions*, 1884, d'Edwin Abbott Abbott[32], comme le révèlent autant son premier chapitre[33] que le graphique l'explicitant visuellement[34]), et une ligne nulle, qui équivaudrait à un point ("*D'où il suit que, comme les géomètres conçoivent la ligne comme une longueur sans largeur, et la superficie comme une longueur et largeur sans profondeur, quoiqu'il n'y ait point de longueur sans largeur ni de largeur sans profondeur,...*"[35]).

Or, de fait, non seulement la position finale que Jarry attribue, on l'a vu, à P égale zéro comme manière de pouvoir élaborer sa démonstration renvoie à la formule de la lemniscate[36] ou "*courbe plane ayant la forme d'un 8*"[37], c'est-à-dire de l'infini ∞, mais encore on reconnaîtra, dans cette structure mathématique proposée par Jarry où la surface est nulle, un principe lié à la mesure des courbes algébriques, où apparaissent, à la fois, des "*surfaces développables*", "*sphères de rayon nul*" ou "*sphère*(s) *nulle*(s)"[38], et des "*ligne*(s) *de longueur nulle*"[39].

Ces questions de courbure constante, de géométrie riemannienne[40], intégrant la conception de surface nulle, sont donc propres du XIXème siècle, et ont facilement pu être transmises, sommairement, par un professeur à ses étudiants[41], en tant que modèles paradoxaux ou analytiquement curieux.

On les retrouve dans le *theorema egregium* de Carl Friedrich Gauss[42], avec leur retour dans la géométrie différentielle et notamment les termes nuls du Théorème de Fubini[43] (d'après la formule de Stokes, de laquelle part l'opérateur différentiel de Laplace-Beltrami, l'intégrale de la divergence d'un champ de vecteurs à support compact est nulle[44]). La surface d'Enneper[45] reproduisant en outre identiquement le format de "*selle de cheval*" de courbature négative:

"*dans l'espace euclidien usuel à trois dimensions, un plan est un objet à deux dimensions de courbure nulle, et une sphère un objet à deux dimensions de courbure constante positive. Une «selle de cheval» possède au contraire un point de courbure négative.*"[46]

Ces concepts continuent de trouver leurs développement au début du XXème siècle:

"*Mais le Hongrois Goecze donnait l'exemple d'une surface passant par tous les points d'un cube et ayant une surface nulle. Le problème était maintenant topologique: il concernait la notion de convergence d'une surface vers une autre. Fréchet en 1906 étudiait ce problème et permettait le départ de la notion d'espace métrique en topologie moderne. Pourtant les surfaces d'aire finie pouvaient être pathologique; Sacks donnait l'exemple d'une surface d'aire finie n'ayant de plan tangent en aucun point. Dans les années 20, Haar puis Rado généralisent les méthodes de dimension 1, montrent qu'une surface d'aire minimum et minimale et prouvent des résultats d'existence au problème de Plateau sous certaines conditions de régularités.*"[47]

Et, ainsi, la question de la surface nulle s'étend à d'autres domaines d'étude (telle la dynamique d'une demi-caténoïde symétrique en montée, à propos du rayon de courbure du ménisque[48]) et à leurs diverses applications (notamment concernant les surfaces minimales, selon le principe de 1776 de Meusnier[49], comme en ce qui concerne la géométrie des pavages[50], la surface nulle dans une pièce[51], la surface vicinale d'orientation quelconque d'un cristal[52], voire encore, au début du

XXIème siècle, l'agriculture urbaine[53], celle-ci, comme dans le cas antérieur, contemplant des surfaces nulles mais avec des volumes non nuls).

De manière révélatrice, la dérivation de la géométrie à l'arithmétique démonstrative, utilisée par Jarry, se présente, quant à la question de la ligne et la surface, avec exemple d'une surface circulaire, plane car l'auteur a abandonné sa démonstration initiale tridimensionnelle qui finit par lui sembler impossible à faire, et concernant la "*surface nulle part concave*"[54], chez H. Minkowski (1896)[55]

Or ce concept de surface nulle trouve sa source, hors du contexte des interrogations purement mathématiques, dans la théologie.

On le trouve dans les *Pensées* (Édit. Brunschvigg, Section II, 72[56]) de Blaise Pascal (que citera, à son tour, Jorge Luis Borges dans *Otras inquisiciones*[57], 1952), lorsqu'il postule explicitement à propos des deux infinis[58] ("*C'est une sphère dont le centre est partout, la circonférence nulle part.*") ce lien que les études de géométrie du XIXème siècle comprendront à partir de la question de la courbature:

"*Que l'homme contemple donc la nature entière dans sa haute et pleine majesté, qu'il éloigne sa vue des objets bas qui l'environnent. Qu'il regarde cette éclatante lumière, mise comme une lampe éternelle pour éclairer l'univers, que la terre lui paraisse comme un point au prix du vaste tour que cet astre décrit et qu'il s'étonne de ce que ce vaste tour lui-même n'est qu'une pointe très délicate à l'égard de celui que les astres qui roulent dans le firmament embrassent. Mais si notre vue s'arrête là, que l'imagination passe outre; elle se lassera plutôt de concevoir, que la nature de fournir. Tout ce monde visible n'est qu'un trait imperceptible dans l'ample sein de la nature. Nulle idée n'en approche. Nous avons beau enfler nos conceptions au-delà des espaces imaginables, nous n'enfantons que des atomes, au prix de la réalité des choses. C'est une sphère dont le centre est partout, la circonférence nulle part. Enfin, c'est le plus grand caractère sensible de la toute puissance de Dieu, que notre imagination se perde dans cette pensée.*
.../...

Car enfin qu'est-ce que l'homme dans la nature? Un néant à l'égard de l'infini, un tout à l'égard du néant, un milieu entre rien et tout. Infiniment éloigné de comprendre les extrêmes, la fin des choses et leur principe sont pour lui invinciblement cachés dans un secret impénétrable, également incapable de voir le néant d'où il est tiré, et l'infini où il est englouti."[59]

Il s'inspire, d'ailleurs, en cela de la Préface de Mlle de Gournay aux *Essais* de Montaigne[60]:

"Pascal connaît tellement son Montaigne qu' il en copie même... Mlle de Gournay!... Il existe dans les Pensées une comparaison devant laquelle depuis deux cents ans s'extasie la critique. Pascal, parlant de ce monde visible qui n'est qu' «un trait imperceptible dans l'ample sein de la nature», ajoute, sans aucune référence:

«C'est une sphère dont le centre est partout, la circonférence nulle part.» — (Edit. Brunschwig, Section II, 72.)

Dans sa Préface, publiée pour la première fois en 1595, Mlle de Gournay avait tout honnêtement écrit:

«Où toutes choses sont plus immenses et plus incroyables, là sont Dieu et ses faicts plus certainement: Trismégiste à costé de ce propos, appelant la déité: cercle dont le centre est partout, et la circonférence nulle part.»

Plus que certainement, Mlle de Gournay — ou Montaigne — avait découvert cette comparaison dans Rabelais, qui s'en sert deux fois dans son Pantagruel, aux chapitres treizième et quarantehuitième.

Voici la première citation:

«De là (notre âme) reçoit participation insigne de sa prime et divine origine; et, en contemplation de ceste infinie et intellectuelle sphère, le centre de laquelle est en chascun lieu de l'univers, la circonférence point (c'est Dieu, selon la doctrine de Hermès Trismegistus).»

Un des meilleurs éditeurs et commentateurs de Rabelais, M, Marty-Laveaux, rappelant le plagiat de Pascal, estime que l'auteur des Pensées était sans doute encore sous l'impression du cinquième livre du Pantagruel - celui qui se termine par le quarante-huitième chapitre - car on trouve encore dans les Pensées (Section I, 17) cette définition pour le moins singulière: «Les rivières sont des chemins qui marchent et qui portent où l'on veut aller » qui pourrait bien être inspirée de cette «isle d'Odes en laquelle les chemins cheminent» dont il est parlé au vingt-sixième chapitre dudit livre.

D'autre part, on se demande pourquoi Rabelais a attribué cette définition à Hermès Trismégiste, les dialogues grecs intitulés Pimandre, qui contiennent les révélations de ce Mercure égyptien, ne rapportant rien de pareil.

On peut penser avec d'autres sagaces commentateurs de Rabelais, MM. Rathery et Burgaud des Marets, que Rabelais aurait pris cette image dans les oeuvres de Jean Gerson, l'auteur présumé de l'Imitation de Jésus-Christ, qui l'aurait trouvée lui-même dans une méditation de saint Bonaventure, lequel l'aurait cueillie tout bonnement dans le Spéculum naturale de son contemporain Vincent de Beauvais!...

12

Quoi qu'il en soit, cette définition était loin d'être inconnue au Moyen Age, puisqu'on en rencontre l'application jusque dans le Roman de la Rose.
Enfin, on la rencontrerait dans Timée de Locres, philosophe néo-platonicien du IVe siècle avant Jésus-Christ, qui la tenait lui-même d'Empédocle..."[61]

On retrouve encore la même idée chez Nicolas de Cues (*De docta ignorantia*, 1440, Lib. II, cap. XI-XII[62]):

"Le monde n'a pas de circonférence... Donc la Terre, qui ne peut en être le centre, ne peut être privée de mouvement... Les pôles du monde n'existent pas... La machine du monde a, pour ainsi dire, son centre partout et sa circonférence nulle part... La couleur noire de la terre ne prouve pas qu'elle soit vile... La terre possède les mêmes éléments que le soleil... Même la corruption des choses de la terre... n'est pas la preuve valide d'un manque de noblesse"[63]

La mathématique rendant ainsi logique le rapport, repris par Jarry, entre infini et néant, dans la relation entre Dieu et l'homme[64], telle que la définit, dialectiquement, Jarry à la fin du cap. XXXIX et au cap. XL du Lib. VIII, là encore conformément à la tradition, notamment à partir du néoplatonisme florentin[65]:

"Le tétragone de Sophrotatos, se contemplant soi-même, inscrit en soi-même un autre tétragone, qui est égal à sa moitié, et le mal est symétrique et nécessaire reflet du bien, qui sont uniment deux idées, ou l'idée du nombre deux; bien par conséquent jusqu'à un certain point, je crois, ou indifférent tout au moins, ô Mathetès. Le tétragone par l'intuition intérieure, hermaphrodite engendre Dieu et le mauvais, hermaphrodite aussi parturition..."[66] (XXXIX)

"II. — Autre fragment.
Dieu transcendant est trigone et l'âme transcendante théogone, par conséquent pareillement trigone.
Dieu immanent est trièdre et l'âme immanente pareillement trièdre.
Il y a trois âmes (Cf. Platon).
L'homme est tétraèdre parce que ses âmes ne sont pas indépendantes.
Donc il est solide, et Dieu esprit.
Si les âmes sont indépendantes, l'homme est Dieu (morale).
Dialogue entre les trois tiers du nombre trois.
L'homme: Les trois personnes sont les trois âmes de Dieu.
Deus: Tres animæ sunt tres personæ hominis.
Ens: Homo est Deus."[67] (XL)

13

Il est, dès lors, intéressant de relever que, dans sa *"Postface à la première édition"* de 1926 du *Château*, Max Brod, ami et éditeur posthume de Franx Kafka, considère la figure du héros K, lequel est significativement arpenteur, comme une image de l'homme non pas tant face au pouvoir temporel et à la déshumanitation de la société administrative contemporaine, mais comme celle judaïque de l'âme face à Dieu invisible et impossible à atteindre.

On ne peut que constater la grande similitude de préoccupations, et de modalités de sa représentation (par la mesure physique et topographique de l'immatérialité divine), chez deux auteurs contemporains l'un de l'autre (fin du XIXème siècle-début du XXème siècle).

4. L'iconographie de Dieu

Dans *Théologie cosmogonique, ou reconstitution de l'ancienne et primitive loi* (1853), Daniel Ramée exprime parfaitement la valeur expansive du triangle comme forme initiale de la perfection et de *"l'Esprit premier"*:

"Du triangle se développent toutes les formes, toutes les apparences. D'abord trois surfaces, le triangle, le carré et le cercle. De la diagonale ou l'âme du carré, sort la diagonale du cube, et par le mouvement du diamètre ou hypoténuse, naît la sphère. Dans ce triangle apparaissent donc les trois proportions primitives, proportions par lesquelles l'Esprit premier détermina les formes, et de là aussi l'attention toute particulière que lui consacraient les intelligences supérieures de l'antiquité. L'hypoténuse h g du triangle h f g est surtout significative en ce qu'elle est la plus longue ligne du triangle, du cube, du cercle et de la sphère. Hypoténuse dans le triangle, diagonale dans l'hexaèdre, elle devient diamètre dans le cercle et la sphère, et axe dans le cône et le cylindre. Mais il y a encore d'autres proportions remarquables dans ce triangle h f g. L'unité f g et la diagonale du carré h f sont à la diagonale h g du cube comme le côté du triangle rectangle est à l'hypoténuse.
De l'unité initiale féconde et multiple b, ba, bc, puissance créatrice en deux personnes ou hypostases, est née la créature a c, sansfacultés ni puissance extérieures. L'unité b, ab, bc, est la voix sortie de Dieu; c'est le verbe par lequel toutes choses sont faites, c'est la manifestation de la puissance et de la sagesse créatrices primitives, le Oum des Indiens, le Honover des Perses, le Kolpiah des Phéniciens, le Logos des Grecs et que les chrétiens leur ont emprunté. De la réunion de l'unité et du logos se développe l'âme h g qui donne naissance à l'harmonie, répand le beau et la clarté. Si de cette ligne,

diagonale du cube et du cercle, se forment l'hexaèdre et la sphère, on comprendra comment l'âme qui na!l et se manifeste en se déployant de l'intérieur ou centre, forme les corps, fait naître les solides en agglomérant les surfaces et en métamorphosant les formes."[68]

Il répond, en cela à l'idée générale, déjà posée par Platon, et bien connue encore au XIXème siècle, puisque l'Abbé Migne, dans le Tome XV de sa *Troisième et dernière Encyclopédie Théologique* (1856) reproduit le *Dictionnaire des origines du christianisme, histoire des trois premiers siècles de l'église chrétienne. Établissement du christianisme en Orient et en Occident* par L.-F. Jéhan, lequel, dans son article sur *"Platon"* cite Renouvier (*Manuel de philosophie ancienne*, T. II), à propos de *"La création platonicienne et le polythéisme de Platon"*:

"«D'abord pourquoi l'univers a-t-il été fait? L'auteur était bon, exempt d'envie; il a voulu que toutes choses devinssent autant que possible semblables à lui. Il a donc mis l'ordre et la beauté dans l'agitation désordonnée des choses sensibles; mais le plus beau, c'est ce qui est intelligent: il n'y a pas d'intelligence sans âme; l'auteur mit donc une âme dans le corps du monde, qui devint de la sorte UN ANIMAL INTELLIGENT par la Providence divine? Il en fit un animal composé de tous les autres animaux visibles, et imité de l'être dont tous les êtres intelligibles sont des parties; un animal unique ainsi que son modèle, 1,uisque, s'ils étaient doubles, un animal supérieur, un modèle supérieur les envelopperait tous deux; un être enfin sphérique, animé, solitaire, se suffisant à lui-même, se connaisSant et s'aimant, UN DIEU BIENHEUREUx. « L'âme du monde fut toutefois créée . avant le corps, afin qu'elle lui commandât, plus ancienne et par sa naissance et par sa vertu (1982. Voici comment Dieu la compOsa: de l'essence immuable indivisible et de l'essence divisible qui naît continuellement dans les corps, il fit une troisième essence, idée intermédiaire entre les deux autres et de la nature du même et de l'autre à la fois. Puis, mêlant et réduisant en une seule idée ces trois essences, de sorte que l'autre et le même demeurassent unis par la violence, il obtint l'essence de l'âme. Alors Dieu divisa cette âme: il en tira sept parties telles que, la première étant représentée par l'unité, les six autres le fussent par les nombres, 2, 3, 4, 9, 8, et 27. Ensuite dans ces deux progressions, 1, 2, 4, 8, et 1, 3, 9, 27, il inséra des moyens qui furent autant de parties à tirer de l'essence de l'âme, et il prit au lieu de la progresSion des doubles celle-ci: 9/8, 81/61, 4/3, 3/2, 27/26, 243/128, 2, 9/4, 81/32, 8/3, 3, 27/8, 243/64, 4, 9/2, 21/16, 16/3, 6, 27/4, 243/32, 8, et au lieu della progression des triples celle-ci: 1, 3/2, 2, 3, 9/8, 6, 9, 27/2, 18, 27, dont il retrancha ceux qui sont déjà contenus dans la première. § ce mélange fut ainsi divisé, Dieu le scinda en deux dans toute sa longueur, et croisant les deux parties l'une sur l'autre, il arrondit en cercle chacune d'elles, l'une intérieure, l'autre extérieure. « Nous avons distingué deux espèces d'êtres: les modèles intelligibles et leurs copies sensibles; mais il faut qu'une

troisième essence serve de réceptacle à toutes les choses engendrées. Les éléments naturels se transforment les uns dans les autres, toutes les qualités sont instables; il ne faut donc voir rien de plus en eux que des apparences produites en un sujet unique. On peut dire ainsi qu'il existe trois sortes d'êtres: le père qui fait, la mère qui reçoit, le fils, nature intermédiaire et produite. Cette mère sans forme, et propre à les recevoir toutes, n'est rien en soi; elle n'existe qu'en tant que sujet d'un accident déterminé. Cette nourrice de la génération c'est le lieu éternel, l'espace, le théâtre des choses que nous apercevons comme en songe. Avant la création elle recevait sens ordres les formes des éléments: les corps se choquaient, mais ils tendaient à s'unir entre semblables au même lieu, de sorte que l'eau, l'air, la terre et le feu sensibles étaient déjà démêlés, lorsque l'ouvrier apporta dans le monde les idées et les nombres, et que l'intelligence vint s'unir à la nécessité pour régler l'univers.

«Tout corps est profond; tout ce qui est profond est terminé par des plans; toute base plane est triangulaire ou composée de triangles; tout triangle, enfin, est rectangle ou se divise er deux rectangles. Parmi les triangles rectangles, l'isocèle et surtout le scalène, dont l'hypoténuse est double du petit côté, occupent le premier rang. Ce dernier est l'élément dont se comf trois corps réguliers: le tétraèdre, l'octaèdre et l'icosaèdre, dont les faces se forment de triangles équilatéraux, réductibles. Chacun a six triangles rectangles, scalènes, qui jouissent de la p§ indiquée. Un quatrième corps régulier, le cube, se réduit à des triangles isocèles rectangles, qui sont ses éléments. Cela posé, l'ouvrier, qui voulut assujettir les corps à la forme et au nombre, donna la forme cubique à la terre, à raison de sa stabilité; seule, entre les éléments, elle ne peut se transformer dans les autres, parce que le triangle élémentaire qui la compose n'est pas de même nature que ceux qui composent les autres éléments. A ceux-ci il donna les trois autres formes: au feu, la plus mobile de tous, la pyramidale, l'octaédrique à l'air; l'icosaédrique à l'eau; et ses trois éléments peuvent se changer les uns dans les autres, comme tous composés d'éléments scalènes rectangles, tandis qu'aucun d'entre eux ne peut se transformer en terre. Il restait un cinquième, corps régulier, mais qui n'était pas réductible aux mêmes éléments que les quatre premiers. Dieu le fit servir à tracer le plan du monde.

«Rien n'est visible sans le feu, rien n'est solide et tangible sans la terre; Dieu composa donc d'abord de terre et de feu le corps de l'univers. Mais entre ces deux éléments il fallait un lien. Entre deux solides, l'insertion d'un seul moyen n'était pas possible, comme elle l'eût été entre deux surfaces; Dieu en inséra deux, l'air entre le feu et l'eau, l'eau entre l'air et la terre: de là la situation respective des éléments de l'harmonie du monde. Toutes les parties des éléments furent employées pour que le corps tout entier demeurât exempt d'altération. Enfin, la forme la plus convenable à l'animal qni réunit en lui tous les animaux lui fut donnée; c'est la forme qui réunit toutes les formes, c'est la forme sphérique, entre toutes la plus semblable à elle-même. Les organes étaient d'ailleurs inutiles au monde, n'y ayant rien en dehors de lui. Sa surface fut donc polie; mais un mouvement lui fut donné, un mouvement propre à sa forme et convenable à l'esprit et à l'intelligence: et ainsi fut accompli le divin univers."[69]

Cette imbrication des formes à partir du triangle jusqu'à celle du cercle notamment est similaire à l'échelonnement numérique posé comme "*Conséquence XII*" du *Traité du triangle arithmétique* (1654) de Pascal:

"*En tout triangle arithmétique, deux cellules contiguës étant dans une même base, la supérieure est à l'inférieure, comme la multitude des cellules depuis la supérieure jusqu'au haut de la base, à la multitude de celles depuis l'inférieure jusqu'en bas inclusivement.*"[70]

De fait, la progression pascalienne s'applique en premier au triangle et aux deux choix (moraux: croire ou ne pas croire, c'est le fameux pari) que laisse sa structure tripartite (géométrique). Ainsi:

"*La raison, avec Pascal, change de modèle mathématique en même temps que de point d'application. Elle ne vise plus le contenu de la proposition que la démonstration transforme en vérité, ce qui permettait l'assimilation de «Dieu existe» à: «les 3 angles d'un triangle sont égaux à 2 droits»; elle vise l'acte de l'homme que son «embarquement» condamne à une option fondamentale. Son modèle n'est plus la géométrie qui construit et explique les figures dans l'étendue mais cette «géométrie du hasard» qui, dans le cas du pari, rap-proche la promesse chrétienne de l'espérance mathématique.*"[71]

Or, c'est encore la même figure du triangle qui détermine la *La logique ou l'art de penser* (1662) d'Antoine Arnauld et Pierre Nicole, où elle apparaît référencée non moins de treize fois[72], notamment au chapitre V de la Première Partie:

"*La troisième manière de concevoir les choses par abstraction est quand une même chose ayant divers attributs, on pense à l'un sans penser à l'autre, quoiqu'il n'y ait entre eux qu'une distinction de raison: et voici comme cela se fait. Si je fais, par exemple, réflexion que je pense, et que par conséquent je suis moi qui pense, dans l'idée que j'ai de moi qui pense, je puis m'appliquer à la considération d'une chose qui pense, sans faire attention que c'est moi, quoique en moi, moi et celui qui pense ne soit que la même chose; et ainsi l'idée que je concevrai d'une personne qui pense, pourra représenter, non-seulement moi, mais toutes les autres personnes qui pensent. De même, ayant figuré sur un papier un triangle équilatère, si je m'attache à le considérer au lieu où il est avec tous les accidents qui le déterminent, je n'aurai l'idée que d'un seul triangle; mais si je détourne mon esprit de la considération de toutes ces circonstances particulières, et que je ne l'applique qu'à penser que c'est une figure bornée par trois*

lignes égales, l'idée que je m'en formerai me représentera d'une part plus nettement cette égalité des lignes, et de l'autre sera capable de me représenter tous les triangles équilatères. Que si je passe plus avant, et que ne m'arrêtant plus à cette égalité des lignes, je considère seulement que c'est une figure terminée par trois lignes droites, je me formerai une idée qui peut représenter toutes sortes de triangles. Si ensuite, ne m'arrêtant point au nombre des lignes, je considère seulement que c'est une surface plate, bornée par des lignes droites, l'idée que je me formerai pourra représenter toutes les figures rectilignes, et ainsi je puis monter de degré en degré jusqu'à l'extension. Or, dans ces abstractions, on voit toujours Que le degré inférieur comprend le supérieur avec quelque détermination particulière, comme moi comprend ce qui pense, et le triangle équilatère comprend le triangle, et le triangle la figure rectiligne; mais que le degré supérieur étant moins déterminé peut représenter plus de choses.
Enfin, il est visible que par ces sortes d'abstractions, les idées, de singulières, deviennent communes, et les communes plus communes, et ainsi cela nous donnera lieu de passer à ce que nous avons à dire des idées considérées selon leur universalité on particularité."[73]

Or cette progression est bien celle induite par Jarry lorsqu'il écrit:

"Le tétragone de Sophrotatos, se contemplant soi-même, inscrit en soi-même un autre tétragone, qui est égal à sa moitié, et le mal est symétrique et nécessaire reflet du bien, qui sont uniment deux idées, ou l'idée du nombre deux; bien par conséquent jusqu'à un certain point, je crois, ou indifférent tout au moins, ô Mathetès. Le tétragone par l'intuition intérieure, hermaphrodite engendre Dieu et le mauvais, hermaphrodite aussi parturition…"[74] (XXXIX)

Puis:

"Dieu transcendant est trigone et l'âme transcendante théogone, par conséquent pareillement trigone.
Dieu immanent est trièdre et l'âme immanente pareillement trièdre.
Il y a trois âmes (Cf. Platon).
L'homme est tétraèdre parce que ses âmes ne sont pas indépendantes.
Donc il est solide, et Dieu esprit.
Si les âmes sont indépendantes, l'homme est Dieu (morale)."[75]

Et c'est précisément, aussi, celle de la conséquence pour les polygones des triangles semblables en géométrie euclidienne:

"Tout polygone simple (c'est-à-dire dont les arêtes ne se croisent pas) à n côtés peut être considéré comme constitué de n - 2 triangles accolés, dont la somme de tous les angles est égale à la somme des angles internes du polygone. C'est l'une des façons de

18

démontrer que la somme des angles internes d'un polygone simple à n côtés est toujours égale à (n - 2) × 180°.
En particulier, cette propriété assure que la somme des angles d'un quadrilatère simple est égale à 360°. Si un quadrilatère simple possède trois angles droits, alors son quatrième angle est aussi droit. Le fait que la somme des angles d'un triangle soit égale à deux droits entraîne ainsi l'existence de rectangles en géométrie euclidienne."[76]

C'est encore la forme d'inscription dans le tétraèdre du Merkaba[77] hébreu[78], repris par celui de l'homme viturvien de Léonard de Vinci[79] (c.1490[80]), qui correspond encore à l'octaèdre de Luca Pacioli[81] d'ailleurs dessiné par Léonard lui-même aux alentours de 1498 à Milan pour l'ouvrage de *De divina proportione* (publié pour la première fois en 1509)[82].

C'est aussi le concept pythagoricien de Tétraktys[83].

Il est de tradition de considérer, comme le fait Jarry, le lien entre le triangle et le carré, mais aussi le cercle comme symbole du lien entre l'homme et Dieu[84] (ainsi dans la Kabbale[85], chez les Franc-maçons[86] et Rose-Croix[87]), ce que reproduit, bien que dans un sens de relations plus mathématiques, l'*Homme vitruvien* de Léonard[88].

Comme chez Jarry encore:

"Tout à fait donc véritablement. Et la troisième figure abstraite des tarots, selon Sophrotatos l'Arménien, est ce que nous appelons le trèfle, qui est le Saint-Esprit en ses quatre angles, les deux ailes, la queue et la tête de l'Oiseau, ou renversé Lucifer debout cornu avec son ventre et ses deux ailes, pareil à la seiche officinale, cela principalement du moins quand on supprime de sa figure toutes les lignes négatives, c'est-à-dire horizontales; — ou, en troisième lieu, le tau ou la croix, emblème de la religion de charité et d'amour; — ou le phallus enfin, qui est dactyliquement à la vérité triple, ô Mathetès."[89] (XXXIX)

"Symboliquement on signifie Dieu par un triangle, mais les trois Personnes ne doivent pas en être considérées comme les sommets ni les côtés. Ce sont les trois hauteurs d'un autre triangle équilatéral circonscrit au traditionnel. Cette hypothèse est conforme aux révélations d'Anne-Catherine Emmerich, qui vit la croix (que nous considérerons comme symbole du Verbe de Dieu) en forme d'Y, et ne l'explique que par cette raison physique, qu'aucun bras de longueur humaine n'eût pu être étendu jusqu'aux clous des branches d'un Tau."[90] (XLI)

La croix représente ce lien entre ces différentes formes géométriques symbolisantes[91].

De fait, en mentionnant la Troisième Arcane du Tarot, Jarry renvoie effectivement à l'Impératrice[92], qui "*est le Ciel*"[93], alors que la Quatrième, l'Empereur, "*symbolise la Terre*", et "*Son empire est un carré alors que le triangle était celui de son alter ego féminin.*"[94]

Pour notre part, nous avons montré ailleurs[95] comment la *Tentation de Saint Antoine* (1470-1475[96]) de Martin Schongauer, en cela pour nous paradigmatique de l'ensemble des *Tentations*, montrant le saint impavide au milieu de démons le déchirant de toutes parts, symbolise l'unité de l'anachorète avec Dieu, c'est-à-dire avec le centre de ce cercle visuel implicite.

Or, si l'on en fait la tentative, on retrouve dans cette gravure, inscrit dans le cercle, l'Y évoqué par Jarry (préfiguration du symbole hippie ☮ créé par le graphiste britannique Gerald Holtom en 1958[97]), à savoir la figure divine du "*Scutum Fidei*"[98] (Y également formé par les "*trois personnes a*" de Jarry, qui, visuellement, renvoient, comme il le mentionne explicitement en parlant des "*révélations d'Anne-Catherine Emmerich, qui vit la croix (que nous considérerons comme symbole du Verbe de Dieu) en forme d'Y*"[99], à la croix du Christ - équivalence visuelle que confirme d'ailleurs l'iconographie de la *Crucifixion* -).

Ce qui ne veut pas dire qu'il y ait une inspiration de Jarry en Schongauer, mais au contraire, comme pour l'*Homme vitruvien*, une permanence transversale de la symbolique des figures géométriques et de leur association[100].

Il est difficile de savoir à quel Tarot Jarry fait référence, cependant les indications qu'il nous en donne à la fois permettent d'en avoir une idée, et confirment les éléments d'analyse précédents. En effet, il donne deux indications utiles, toutes deux au cap. XXXIX:

"Dis-moi, ô Ibicrate, toi que nous avons nommé le Géomètre parce que tu connais toutes choses par le moyen de lignes tirées en différents sens et nous as donné le véritable portrait des trois personnes de Dieu par trois écus qui sont la quarte essence de signes du Tarot, le second étant barré de bâtardise et le quatrième révélant la distinction du bien et du mal gravée dans le bois de l'arbre de science, je souhaite bien fort, s'il te plaît, de savoir tes pensées sur l'amour, toi qui as déchiffré les impérissables parce qu'inconnus fragments, tracés en rouge sur papyrus sombre, des Pataphysiques de Sophrotatos l'Arménien. Réponds, je te prie, car je t'interrogerai, et tu m'instruiras."[101]

"Tout à fait donc véritablement. Et la troisième figure abstraite des tarots, selon Sophrotatos l'Arménien, est ce que nous appelons le trèfle, qui est le Saint-Esprit en ses quatre angles, les deux ailes, la queue et la tête de l'Oiseau, ou renversé Lucifer debout cornu avec son ventre et ses deux ailes, pareil à la seiche officinale, cela principalement du moins quand on supprime de sa figure toutes les lignes négatives, c'est-à-dire horizontales; — ou, en troisième lieu, le tau ou la croix, emblème de la religion de charité et d'amour; — ou le phallus enfin, qui est dactyliquement à la vérité triple, ô Mathetès."[102]

Nous indiquant qu'il faut chercher vers le Tarot égyptien ou *Grand Etteilla*[103], par les deux indications de "*trois écus*" et des "*fragments, tracés en rouge sur papyrus sombre*", il est évident, par la référence au Saint Esprit qui, renversé, représente Lucifer, qu'il s'intéresse à une correspondance entre le *Petit* et le *Grand Jeu de l'Oracle des Dames*.

En effet, la *Force Majeure*, Arcane XIV du *Grand Jeu*, représente bien *Le Diable*, avec sa queue, ses deux ailes et ses cornes, monté sur un monticule, alors que, dans le *Petit Oracle*, cette Arcane, ici la VIIème, représente *L'Entreprise*, et porte, à son côté, une carte de 9 carreaux.

Précisons que nous nous basons ici, respectivement, sur les versions du *Petit Oracle des dames ou Récréation des curieux* (jeu de cartes imprimé à Paris, chez la Veuve Gueffier, 1807)[104] et du *Grand jeu de l'Oracle des Dames* (jeu de cartomancie à enseignes italiennes dessiné par le parisien G. Regamey, 1890-1900)[105].

Nous indique qu'il s'intéresse particulièrement au *Petit Oracle* le fait que, dans le *Grand*, aucune Arcane n'est double, alors que dans le *Petit* la grande majorité le sont (Arcanes II, VI, VIII, XI à XVI, et XXI à XLII).

En outre, dans le *Grand Jeu*, l'Arcane III, que Jarry cite ("*Et la troisième figure abstraite des tarots*"), représente *Les Plantes*, et non *Le Premier Élément Eau*.

Toutefois, dans certaines versions de ce Tarot, *Les Plantes* représentent, avec ce même nom, La Fidélité/La Lune-Isis (Tarot Egyptien de Laura Tuan)[106].

Il faut ainsi noter que les versions du Tarot Égyptien présentent de nombreuses similitudes avec le Tarot classique, on y retrouve l'Impératrice et l'Empereur (Arcanes III et IV Tarot d'Antoine Court de Gebelin, 1781[107]), mais aussi Le Magicien (Arcane I, correspondant à celle du Bateleur du Tarot de Marseille), le Fou, la Prêtresse (Arcane I chez Court de Gebelin, habituellement II), le Pape, l'Amoureux, le Chariot, la Justice, l'Hermite, la Force, le Pendu, la Mort, la Tempérance, le Diable, la Tour ou Maison-Dieu, l'Étoile (suivant le même ordre: Arcanes V à XVII pour les deux Tarots).

Les Tarots de Court de Gebelin et Etteilla[108] (1785) ayant, entre eux, à leur tour, de grandes similitudes: l'Etteilla présente bien la Folie (Arcane 78), la Justice, la Tempérance, la Force (Arcanes 9 à 11), le Mariage (13, qui correspond aux Amoureux), le Traître (Arcane 18, qui correspond à L'Hermite), le Dépouillement (Arcane 4, qui correspond à la Tempérance), la Mortalité (Arcane 17, qui correspond, évidemment, à la Mort), la Misère (Arcane 19, qui correspond à la Tour), etc.; mais encore le Diable (Arcane XV de Court de Gebelin) correspond à celle de la Force Majeure (Arcane 14 d'Etteilla), comme l'Éclaircissement (Arcane 2 d'Etteilla) correspond au Soleil (Arcane XIX) de Court de Gebelin, la Fortune (Arcane 12 d'Etteilla) à celle (Arcane 12) du *Petit Oracle*, avec leur identique Ouroboros. Il va sans dire qu'on retrouve dans le *Petit Oracle*, par exemple, la Mort (Arcane

13, ce qui est logique pour la tradition chrétienne[109]). L'Arcane III de l'Eau se conserve, avec ses deux canidés, entre Etteilla (Arcane III), le *Petit Oracle* (Arcane VII), et Court de Gebelin (Arcane XVIII), où elle est celle de la Lune.

Cette dernière coïncidence nous intéresse en cela qu'elle fait lien entre Les Plantes du *Grand Jeu* - modifiées par Laura Tuan et représentant Isis-Lune (de fait, c'est bien notre satellite que montre le *Grand Jeu*), soit, iconographiquement, une reprise de l'Impératrice assise - et l'Eau du *Petit Oracle*.

Dès lors, il est très intéressant de constater que les interprétations de l'Arcane III du Tarot classique de Marseille en font une représentation de l'Esprit Saint et la Sephiroth Binah, d'ailleurs toujours dans un sens trinitaire (et, par conséquent, par rapport à sa position dans l'ordre numérique du Tarot):

"L'Arcane 3 du tarot indique que l'Impératrice - par sa position assise sur la pierre cubique et faisant face à l'Esprit Saint symbolisé par la colombe - est l'épouse de l'Esprit Saint, Binah, de qui la Mère divine Kundalini en est le dédoublement (Elle qui demeure en nous depuis le commencement).
L'Arcane 3 est le nombre du Troisième Logos dont les organes sexuels sont le Laboratoire de l'Esprit Saint.
Ainsi l'Esprit de Dieu peut se manifester à l'intérieur de nous-mêmes par son intermédiaire dévotion, son épouse divine, la Mère divine particulière de chaque être humain, la Kundalini.
Arcane 3, l'Esprit Saint et l'Arbre de Vie des Sephiroth
Voyons maintenant les correspondances de l'Arcane 3 du Tarot et de l'Arbre de Vie des dix Sephiroth de la Kabbale.
L'Arcane 1 est le Mage qui est dans l'Unité du Père.
Dans l'Arbre de Vie, la première Sephiroth est Kether, le Père, l'Ancien des Jours.
L'Arcane 2 est la Mère, la Mère divine Kundalini.
Dans l'Arbre de Vie, la deuxième Sephiroth est Chokmah, le Fils (le Fils de l'Homme nde), le Christ.
L'Arcane 3 est l'Âme christifiée, issue de l'union du principe masculin de l'Arcane 1 et du principe féminin de l'Arcane 2.
Dans l'Arbre de Vie, la troisième Sephiroth est l'Esprit Saint qui se dédouble en la Mère divine particulière de chacun de nous, la Kundalini, le feu serpentin qui lorsqu'il s'éveille, ouvre le chakra Muladhara (voir les chakras dont les sept chakras ou 7 chakras, les sept églises ou 7 églises de la fin des temps).

Arcane 3 et l'Esprit Saint du Notre Père
L'Arcane 3 du Tarot se dévoile également dans le « Notre Père qui êtes aux Cieux ».
Voici donc la formulation de la divine et merveilleuse prière: le Notre Père.
Notre Père qui êtes aux Cieux.
Que votre Nom soit sanctifié.
Que votre Règne vienne.
Que votre Volonté soit faire sur la Terre comme aux Cieux.
Donnez-nous aujourd'hui notre Pain de ce jour.
Pardonnez-nous nos dettes comme nous pardonnons à nos débiteurs.
Et ne nous laissez pas tomber dans la Tentation sexuelle, mais libérez-nous de la tyrannie de l'Ego.
L'Arcane 3 est en relation directe avec la troisième formulation: «Que votre Règne Vienne!».
En effet, c'est en faisant un Trône - au centre de notre mental consentant - pour l'Esprit de Dieu qui demeure en nous depuis le commencement, que son Règne viendra s'instaurer dans notre chair.
L'Arcane 3 du Tarot est en étroite relation avec la troisième Sephiroth Binah de l'Arbre de Vie.
La Sephiroth Binah est l'Esprit Saint qui se dédouble en la Mère divine particulière de chacun de nous.
C'est la Déesse Kundalini qui s'éveille lorsque les mérites du coeur s'exprime dans l'harmonie de l'Esprit divin et immortelle qui réside en chacun de nous (l'Essence divine, la Bouddhata)."[110]

De fait, dans la version isiaque de l'Arcane III du Tarot Égyptien, l'Impératrice, par la colombe symbolise l'Esprit Saint, alors qu'assise sur la pierre carrée, elle représente l'Esprit christifié[111].

Jusqu'ici la compréhension unifiée du symbolisme de l'Arcane III par les auteurs contemporains semble confirmer notre interprétation générale des sources et du sens à attribuer aux allusions faites au Tarot par Jarry.

Toutefois, deux éléments doivent en ceci être dialectisés, non pas tant pour contredire l'antérieur, mais pour le compléter.

Nous avons dit qu'il semble assez évident que Jarry, sans pouvoir spécifier à laquelle des nombreuses éditions du Tarot il fait référence, joue sur la relation entre le *Grand Oracle* et le *Petit Jeu.*

Or il se trouve que, si le *Grand Oracle* vient seul, le *Petit Jeu* est accompagné de ce que l'on peut considérer comme un guide pour s'en servir. Lequel guide permet de savoir que les deux canidés de l'Arcane III un chien et un loup, et qu'ainsi nous nous trouvons, là déjà, face à une représentation de la Lune et une promesse (bien que peu claire selon l'auteur du texte) du Soleil[112].

Or, lorsque Jarry écrit:

"*... nous avons nommé le Géomètre parce que tu connais toutes choses par le moyen de lignes tirées en différents sens et nous as donné le véritable portrait des trois personnes de Dieu par trois écus qui sont la quarte essence de signes du Tarot, le second étant barré de bâtardise et le quatrième révélant la distinction du bien et du mal gravée dans le bois de l'arbre de science...*"

Il faut relever que c'est seulement aux Arcanes V et VIII du *Grand Jeu* qu'apparaissent, respectivement Adam entouré de quatre figures d'animaux, et Ève avec le serpent enroulé autour de l'Arbre de la Connaissance. Ces deux représentations étant entrecalées de celles du Ciel et des Astres, respectivement Arcanes IV et VI, lesquelles (dans une progression en regard de celle des fresques du plafond de la Sixtine, 1508-1512[113], par Michel-Ange - bien que l'ordre en soit quelque peu différent -, avec *La séparation de la lumière et les ténèbres, La création du soleil, de la lune et de la terre, La séparation des terres et des eaux, La création d'Adam* et *La création d'Ève*, et, partant, évidemment, avec l'Arcane III de l'Eau du *Petit Oracle*) rappellent la "*Prima Cavsa*" (d'où le lien au thème de Dieu chez Jarry) du Tarot dit de Mantegna par le Maître des Séries E du Tarot (c.1465)[114], qui conlut le dernier décan de la suite, réservé à la représentation des Sphères (c'est-à-dire des Planètes), inclue la Lune sur son char[115].

Or, là encore, il devient évident que Jarry, lorsqu'il écrit:

"... ou, en troisième lieu, le tau ou la croix, emblème de la religion de charité et d'amour; — ou le phallus enfin, qui est dactyliquement à la vérité triple, ô Mathetès."

Ne réfère, en réalité pas à l'Arcane III proprement dit, sauf en ce qu'elle contient en lien avec sa démonstration floue et ambiguë, quant aux détails référentiels qu'il utilise, bien que, paradoxalement, théologiquement correcte, pas plus qu'à l'Arcane 75 du *Grand Etteilla*[116], pourtant celle des "*trois écus*", ni non plus à l'Arcane VII du *Petit Oracle*, pourtant celle de Lucifer (ou Typhon, selon la description du volume[117]), mais l'Arcane I *Voyage 4ème élément Terre* du *Petit Oracle* (V d'Etteilla), XXI *Le Monde* de Court de Gebelin (dont on relève le lien visuel, par les quatre animaux entourant la figure centrale, avec l'Arcane V d'Adam du *Grand Jeu*).

En effet, il semble qu'il se soit entièrement inspiré d'A. Constant (1855), que nous citons à continuation, ou de ses imitateurs, puisqu'en outre d'avoir été cité dans *Isis ou l'initiation maçonnique par le Dr. Berchtold-Baupré, philathète* (1859)[118], il a, dès la même année, été plus ou moins complètement copié par R. Merlin (1859)[119], puis par le propre Éliphas Lévi (1861)[120].

Constant écrivait, en effet, à propos du quaternaire de la Croix dans l'Arcane du Monde du Tarot Égyptien, et de son lien au cercle et au phallus:

"Philippe de Simborch répond ou croit répondre aux arguments passionnés d'Orobio par les éternels lieux communs de la théologie scolastique, c'est assez dire qu'il est ennuyeux et ne prouve rien. Pour réfuter cet ardent et trop légitime adversaire du christianisme, il fallait entrer dans sa tactique et le battre avec ses propres armes. En quoi les langues de feu du cénacle sont-elles moins croyables que les foudres du Sinaï? En quoi les tournenteurs de juifs ont-ils été plus cruels que ces lapidateurs de prophètes? Le baptême chrétien n'est-il pas préférable à votre douloureuse et ridicule circoncision? et si nous avons à déplorer parmi nous bien des infractions à la charité, nos fautes vous rendent-elles meilleurs?— Voilà ce qu'on pouvait répondre aux juifs en général, mais à Orobio en particulier on pouvait dire: êtes-vous bien sûr d'être remonté à la vraie religion mère, à cette croyance qui concilie pour jamais la raison avec la foi ? Le dogme de Moïse est-il aussi simple que vous le croyez et ne cache-t-il ni absurdités ni mystères; êtes-vous sûr du moins d'en pénétrer toute la profondeur? Quel est donc ce Schéma incommunicable et indicible qui est la clef de voûte de votre sanctuaire ?

Que veulent dire ces vases étranges, ces lampes bizarres, ces monstrueuses figures de chérubs ou de sphinx à corps de taureaux et à têtes aquilines ou humaines? Quelle philosophie se cache sous le conte oriental de la Genèse? Qu'est-ce donc que cette femme attirée vers un arbre par les séductions d'un serpent? Les hiéroglyphes de l'Îigypte et les peintures symboliques de l'Inde ne nous en apprendront-ils pas quelque chose? Le prophète du Sinaï n'était-il pas un initié de Weniphis? et si par hasard votre suprême docteur n'était qu'un transfuge des anciens temples et un sectaire détaché d'une antique et primitive religion universelle, tque deviendraient votre Schemang, vos Théphilim, votre Mèsousah et votre Schéma? Que deviendrait surtout votre signe prétendu sacré, votre déplorable et sanglante circoncision? Voilà certes des questions qui eussent troublé dans sa paisible profession du judaïsme la conscience d'Orobio, mais le temps n'était pas encore venu d'oser les faire et de les comprendre.

Un siècle déjà avant Orobio, un homme d'une foi exaltée et d'une puissante érudition avait trouvé la clef de tous les mystères religieux et publiait uu petit livre intitulé: Clavis absconditorum a constitutions mundi. La clef des choses cachées depuis l'origine du monde. Cet homme était un illuminé hébraïsant et kabbaliste; on le nommait Guillaume Postel. Il crut avoir trouvé la vraie signification du tétragramme dans un livre hiéroglyphique antérieur à la Bible, et qu'il nomme la Genèse d'Énoch, pour en cacher sans doute le vrai nom aux profanes, car sur l'anneau de la clef symbolique, dont il donne la figure comme une explication occulte de son singulier ouvrage, il trace ainsi son quaternaire mystérieux

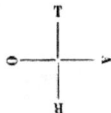

formant ainsi un mot qui, lu de gauche à droite en commençant par le bas. fait Rota, en commençant par le haut, fait Taro, et même tarot, si pour mieux marquer le cercle, on répète à la fin la lettre du commencement, et qui, lu de droite à gauche, c'est-àdire, comme doit être lu l'hébreu, fait Tora, le nom sacramentel que les juifs donnent à leur livre sacré.

Rapprochons de cet énigme de Postel les savantes observations faites par Court de Gehelin, dans le sixième volume de son Monde primitif, sur un livre des anciens Égyptiens couservé jusqu'à nos jours sous le futile prétexte d'un jeu de cartes examinons les figures mystérieuses de ces cartes, dont les vingt-deux premières, sont évidemment un alphabet hiéroglyphique où des symboles s'expliquent par des nombres, dont le jeu entier se divise en quatre dixaines, accompagnées chacune de quatre figures avec quatre couleurs et quatre symboles différents, et nous aurons droit de nous demander si le tarot des Bohémiens ne serait pas la géuèse d'Hénoch, le taro ou tarot ou rota ou tora de Guillaume Postel et de ses initiateurs les vrais kabbalistes hébreux! Si, dans ce doute, nous abordons les obscurités savantes du Zoar, le grand livre sacré de la haute kabbale, nos conjectures se changeront bientôt en certitude, quand nous apprendrons qui le jod, la dixième et la principale lettre de l'alphahet hébreux a toujours été regardé par les sages kabbalistes comme la figure du principe des choses, figuré par le phallus Egyptien et par la verge de Moïse; que le hé, seconde lettre du nom de יהוה *et la cinquième de l'alphabet, signifie la forme passive, démonstrative du principe actif, et correspond à la coupe ou au ctéis des anciens hiéroglyphes sacrés; que le vau, troisième lettre du tétragramme et la sixième de l'alphabet, signifie crochet, enchevêtrement, attraction, et correspond aux signes hiéroglyphiques de l'épée, de la croix, et du lingam, enfin que le hé, répété à la fin du tétragramme, peut être figuré par le cercle qui résulterait de la superposition de deux coupes, l'une droite, l'autre renversée. Nous avons alors la clef des quatre symboles dénaires de notre tarot, dont le premier représente un bâton verdoyant, le second une coupe royale, le troisième, une épée traversant une couronne, et le quatrième enfin, un cercle renfermant une fleur de lotus.*

Il nous reste, pour être pleinement initiés aux mystères de la genèse de Postel, de bien connaître et de bien comprendre la série d'idées théologiques et philosophiques absolues que les anciens attachaient aux dix premiers nombres. Ici Pythagore s'entend avec les dépositaires du secret de Moïse, car ils ont puisé aux mêmes sources, et nous avons trouvé que dans le quaternaire les signes secrets de la haute kabbale expriment exactement la même doctrine que les hiéroglyphes de l'Égypte et les symboles sacrés de l'Inde. — Le phallus, le ctéis, le lingam et la vie, le sceptred'Osiris, la coupe ou la fleur d'Isis, le lingam d'Horus et le cycle d'Hermès, la verge fleurie d'Aaron, le gomor qui renferme la manne, le glaive des sacrifices et la patère des offrandes, — le bâton pontifical, — le calice de la communion, la croix et la divine hostie, tous les signes religieux correspondent aux quatre signes hiéroglyphiques du tarot, qui sont l'explication hiératique des quatre lettres du grand tétragramme divin.

Ce qui attira le plus l'attention de Court de Gehelin lors de sa découverte du tarot, ce furent les hiéroglyphes du vingt-et-unième feuillet qui porte pour titre le Monde. Cette carte, qui n'est autre chose que la clef même de Guillaume Postel, représente la vérité nue et triomphante au milieu d'une couronne divisée en quatre parties par quatre fleurs de lotus. Aux quatre coins de la carte, on voit les quatre animaux symboliques qui sont l'analyse du sphinx, et que saint Jean emprunta au prophète Ezéchiel, comme Ézéchiel lui-même les avait empruntés aux sphinx bucéphales ou autres de l'Egypte et de l'Assyrie Os quatre figures qu'une tradition, incomprise par l'I'glise même, donne encore pour attributs à nos quatre évangélistes, représentent les quatre formes élémentaires de la kabbale, les quatre saisons, les quatre métaux, et enfin aussi les quatre lettres mystérieuses du Toba des juifs, de la roue d'Ézéchiel, Nota, et du Tarot qui, suivant Postel, est la clef des choses cachées depuis l'origine du monde. il faut remarquer aussi que le mot tarot se compose des lettres sacrées du monogramme de Constantin: un rho grec croisé par un tau entre l'alpha et l'oméga qui expriment le commencement et la fin. Disposé de la sorte, c'est un mot analogue a l'ikhi des francs-maçons, dont les deux 1 expriment également le commencement et la fin, puisqu'en kabbale lejod et tous les dérivés sont le symbole du phallus et de la création; le commencement et la fin exprimés ainsi par la même lettre, donnent l'idée d'un commencement éternel dans le cycle divin, et en cela l'inri est plus significatif et d'une plus haute initiation que le Tarot.

Si l'on rapportera ces découvertes la forme hiéroglyphique des croix de la primitive Église on sera frappé de bien d'autres analogies, les premiers chrétiens composaient volontiers la croix de quatre segments de cercle; j'en ai vu une qui avait dix branches sortant les unes des autres et quatre fleuves à ia racine, on en trouve une copie dans l'ouvrage latin de llosins sur le triomphe de la croix. Les premières croix étaient sans Christ, et portaient quelquefois une colombe avec l'inscription Ikri, pour faire entendre qu'il y a un sens caché dans cette inscription, et que c'est au Saint-Esprit de nous la faire comprendre. Souvent aussi les quatre animaux cabalistiques sont aux quatre bras delà croix devenue ainsi un emblème philosophique du quaternaire. On appelait alors gnose La connaissance de tous les mystères, mais le secret en devait être inviolablement gardé, et les profanations de quelques gnostiques dissidents firent perdre à l'Eglise officielle les clefs kabbalistiques de son propre sauctuaire.

Ceux qui douteraient de ce que nous avançons ici, peuvent lire les écrits gnostiques et orthodoxes encore de saint Denys l'aréopagyte, de saint Irénée, de Synésius et de Clément d'Alexandrie. Mais sans sortir du canon même des livres saints, ils trouveront dans l'Apocalypse une clavicule magique et kabbalistique complète qui semble avoir été calculée sur les nombres, les symboles et les figures hiéroglyphiques du tarot.

On y retrouve en effet les sceptres, les coupes, les épées et les couronnes disposés par nombre précis et correspondant les uns aux autres par le dénaire et lé septénaire sacré; on y retrouve les quatre rois des quatre parties du monde et les quatre cavaliers qui figurent dans nos cartes; on y voit la femme ailée, le Verbe en habits d'empereur, puis en costume de pontife avec plusieurs diadèmes sur sa thiare. Enfin la clef de l'Apocalypse qui est la vision du ciel est identique au nombre vingt-et-un du tarot et nous présente un trône enfermé dans un double arc-en-ciel, et aux quatre coins de cette couronne, les quatre animaux sacramentels de la kabbale. Ces coïncidences sont au moins des plus singulières et donnent beaucoup à penser."[121]

Reste à préciser qu'aucune figure du *Petit Oracle* ni du *Grand Jeu* ne correspond exactement aux indications de Jarry:

"Dis-moi, ô Ibicrate, toi que nous avons nommé le Géomètre parce que tu connais toutes choses par le moyen de lignes tirées en différents sens et nous as donné le véritable portrait des trois personnes de Dieu par trois écus qui sont la quarte essence de signes du Tarot, le second étant barré de bâtardise et le quatrième révélant la distinction du bien et du mal gravée dans le bois de l'arbre de science, je souhaite bien fort, s'il te plaît, de savoir tes pensées sur l'amour, toi qui as déchiffré les impérissables parce qu'inconnus fragments, tracés en rouge sur papyrus sombre, des Pataphysiques de Sophrotatos l'Arménien. Réponds, je te prie, car je t'interrogerai, et tu m'instruiras."[122]

"Tout à fait donc véritablement. Et la troisième figure abstraite des tarots, selon Sophrotatos l'Arménien, est ce que nous appelons le trèfle, qui est le Saint-Esprit en ses quatre angles, les deux ailes, la queue et la tête de l'Oiseau, ou renversé Lucifer debout cornu avec son ventre et ses deux ailes, pareil à la seiche officinale, cela principalement du moins quand on supprime de sa figure toutes les lignes négatives, c'est-à-dire horizontales; — ou, en troisième lieu, le tau ou la croix, emblème de la

religion de charité et d'amour; — ou le phallus enfin, qui est dactyliquement à la vérité triple, ô Mathetès."[123]

Qui parsèment le cap. XXXIX, et auxquelles, de fait, nous ajouterions encore celle-ci:

"*Les poètes grecs, ô Mathetès, encorbellèrent le front d'Éros d'une bandelette horizontale, qui est la bande ou fasce du blason, et le signe Moins des hommes qui étudient en la mathématique. Et Éros étant fils d'Aphrodite, ses armes héréditaires furent ostentatrices de la femme. Et contradictoirement l'Égypte érigea ses stèles et obélisques perpendiculaires à l'horizon crucifère et se distinguant par le signe Plus, qui est mâle. La juxtaposition des deux signes, du binaire et du ternaire, donne la figure de la lettre H, qui est Chronos, père du Temps ou de la Vie, et ainsi comprennent les hommes. Pour le Géomètre, ces deux signes s'annulent ou se fécondent, et subsiste seul leur fruit, qui devient l'œuf ou le zéro, identiques à plus forte raison, puisque le sont les contraire. Et de la dispute du signe Plus et du signe Moins, le R. P. Ubu, de la Cie de Jésus, ancien roi de Pologne, a fait un grand livre qui a pour titre César-Antechrist, où se trouve la seule démonstration pratique, par l'engin mécanique dit bâton à physique, de l'identité des contraires.*"[124]

Ce qui, à la fois, confirme le jeu de Jarry quant à la description interceptée ou avec intersections des figures comme, nous l'avons vu, des références (aussi bien mathématiques, que philosophiques et métaphysiques), et, de même, sa reprise morale plus que concrète des figures du Tarot.

En effet, dans le *Grand Jeu*, les figures, en général, nous l'avons également signalé, uniques sur chaque carte, reprennent globalement celles du Tarot traditionnel.

La carte qui corresponde aux "*trois écus*" est celle dite *Trois de Denier*, qui, à l'exemple des jeux de cartes normaux (on sait que ceux-ci peuvent être utilisés pour les réussites), est une carte, à l'instar, dans le même jeu, de celles d'Épée, de Coupe et de Bâton, sans figure, quoique, pris littéralement ce concept, chaque écu en porte une, en tant que "*faces*" de monnaies.

Cette carte ne semble donc pas favoriser le symbolisme allégorique jarryque.

C'est le *Petit Oracle*, on l'a vu, qui permet de rencontrer les "*quatre angles*" (Arcane I), dont nous avons pu assumer qu'il s'agit d'un symbolisme repris de Constant (la jacquette[125] de *César-Antechrist*, Octobre 1895[126], de Jarry, qui remodèle la figure concernant l'évangéliste Luc[127] de l'*Hexastichon Sebastiani Brant in memorabiles euangelistar figuras*, 1502[128], reproduit encore ce principe des quatre figures).

On le retrouve, d'ailleurs, chez Lévi, qui, confirmant l'identité entre l'Impératrice et la Lune, rappelle que l'Arcane XXI, également appelé "*Le Monde*"[129], du Tarot classique reproduit les quatre animaux, autour de Fortune, qu'il n'interprète pas ainsi, mais comme "*L'influence de la volonté et de l'intelligence humaines sur les opérations de la nature*":

"*Les figures cabalistiques du juif Abraham, qui donnèrent à Flamel l'initiative de la science, ne sont autres que les vingt-deux clefs du Tarot, imitéeset résumées d'ailleurs dans les douze clefs de Basile Valentin. Le soleil et la lune y reparaissent sous les figures de l'empereur et de l'impératrice; Mercure est le bateleur; le grand Hiérophante, c'est l'adepte ou l'abstracteur de quintessence; la mort, le jugement, l'amour, le dragon ou le diable, l'ermite ou le vieillard boiteux, et enfin tous les autres symboles, s'y retrouvent avec leurs principaux attributs et presque dans le même ordre. Il n'en saurait être autrement, puisque le Tarot est le livre primitif et la clef de voûte des sciences occultes: il doit être hermétique comme il est cabalistique, magique et théosophique. Aussi trouvons-nous dans la réunion de sa douzième et de sa vingt-deuxième clef, superposées l'une à l'autre, la révélation hiéroglyphique de notre solution des mystères du grand œuvre.*

La douzième clef représente un homme pendu par un pied à un gibet composé de trois arbres ou ratons formant la usure de la lettre hébraïque ה; les bras de l'homme forment un triangle avec sa tête, et sa forme hiéroglyphique tout entière est celle d'un triangle renversé surmonté d'une croix, symbole alchimique connu de tous les adeptes et qui représente l'accomplissement du grand œuvre, La vingt-deuxième clef, qui porte le nombre 21 parce que le fou qui la précède dans l'ordre cabalistique ne porte point de numéro, représente une jeune divinité légèrement voilée et courant dans une couronne fleurissante supportée aux quatre coins par les quatre animaux de la cabale. Cette divinité tient une baguette de chaque main dans le tarot italien et, dans le tarot de Besançon, elle réunit dans une seule main les deux baguettes et pose l'autre main sur sa cuisse, symboles également remarquables de l'action magnétique, soit alternée dans sa polarisation, soit simultanée par opposition et par transmission.

Le grand œuvre d'Hermès est donc une opération essentiellement magique, et la plus haute de toutes, car elle suppose l'absolu en science et en volonté. Il y a de la lumière dans l'or, de l'or dans la lumière, et de la lumière en toutes choses. La volonté intelligente qui s'assimile la lumière dirige ainsi les opérations de la forme substantielle, et ne se sert de la chimie que comme d'un instrument très secondaire. L'influence de la volonté et de l'intelligence humaines sur les opérations de la nature, dépendantes en partie de son travail, est d'ailleurs un fait si réel que tous les alchimistes sérieux ont réussi en raison de leurs connaissauces et de leur foi , et ont reproduit leurs pensées dans les phénomènes de la fusion, de la salification et de la recomposition des métaux."[130]

Et, c'est, d'autre part, en citant Court de Gebelin[131], à propos du "*Triangle des Pantacles*", qu'il écrit:

"Le cabaliste sacré dit expressément à ce sujet: Que celui qui a l'intelligence (c'est-à-dire la clef des nombres cabalistiques)calcule le nombre de la bête, car c'est le nombre de l'homme, et ce nombre est 666. C'est en effet la décade de Pythagore multipliée par elle-même et ajoutée à la somme du Pantacle triangulaire d'Abracadabra; c'est donc le résumé de toute la magie de l'ancien monde, le programme entier du génie humain, que le génie divin de l'Évangile voulait absorber ou supplanter.
Ces combinaisons hiéroglyphiques de lettres et de nombres appartiennent à la partie pratique de la cabale, qui, sous ce point de vue, se subdivise en gématrie et en témurah.
— Ces calculs, qui nous paraissent maintenant arbitraires ou sans intérêt, appartenaient alors au symbolisme philosophique de l'Orient, et avaient la plus grande importance dans l'enseignement des choses saintes émanées des sciences occultes. L'alphabet cabalistique absolu, qui rattachait les idées premières aux allégories, les allégories aux lettres et les lettres aux nombres, était ce qu'on appelait alors les clefs de Salomon. Nous avons déjà vu que ces clefs, conservées jusqu'à nos jours, mais complétement méconnues, ne sont autre chose que le jeu du Tarot, dont les allégories antiques ont été remarquées et appréciées pour la première fois, de nos jours, par le savant archéologue Court de Gébelin.
Le double triangle de Salomon est expliqué par saint Jean, d'une manière remarquable. Il y a, dit-il, trois témoins dans le ciel: le Père, le Logos et le Saint-Esprit, et trois témoins sur la terre: le souffle, l'eau et le sang. Saint Jean est ainsi d'accord avec les maîtres de philosophie hermétique, qui donnent à leur soufre le nom d'éther, à leur mercure le nom d'eau philosophique, à leur sel la qualification de sang du dragon ou de menstrue de la terre: le sang ou le sel correspond par opposition avec le Père, l'eau azotique ou mercurielle avec le Verbe ou Logos, et le souffle avec le Saint-Esprit. Mais les choses de haut symbolisme ne peuvent être bien entendues que par les vrais enfants de la science."[132]

Trois réflexions nous inspire ce passage:
1. L'identité de la figure à l'homme, évoqué également par Jarry comme quatrième partie du ternaire;
2. Son identité au Saint-Esprit, comme chez Jarry;

3. Et, finalement, comme chez Jarry toujours, sa bifidité: à la fois Saint-Esprit et Lucifer Christ et Antéchrist (chez Jarry[133]), ici bête et Saint-Esprit, le lien étant toujours, comme chez Jarry, et ce conformément à l'héritage implicite (et peut-être inconscient) du néoplatonisme florentin, la figure humaine.

C'est dans le *Petit Oracle* encore que nous trouvons le triple trèfle, mais pas de triple écu, pour la figure, exceptionnellement pour ce jeu unique sur la carte, de "*La Loi et la Foi/ Sureté et Harmonie des Peuples*" (Arcane XIX), dont l'iconographie est identique à celle de la République de la *Déclaration des Droits de l'Homme*.

Pareillement, nous y trouvons "*L'Amour*" (Arcane XXIII), sous la forme de Cupidon ailé et aux yeux bandés, décochant aveuglèment ses traits, avec, sous lui, deux calices et un globe surmonté par un caducée.

Mais on peut trouver, dans l'iconographie de la *Crucifixion* (on sait que le symbole de la croix chrétienne se substitue à celui des quatre points cardinaux des pétroglyphes préhistoriques, qu'on trouve encore chez les Celtes), une permanence d'un symbolisme immanent qui pourrait s'associer aussi bien à la conception décrite par Lévi ("*les bras de l'homme forment un triangle avec sa tête, et sa forme hiéroglyphique tout entière est celle d'un triangle renversé surmonté d'une croix, symbole alchimique connu de tous les adeptes et qui représente l'accomplissement du grand œuvre*") qu'à celle, à notre sens consécutive et dérivée (comme elle l'est, de nouveau, essentiellement, de Constant), de Jarry ("*tu connais toutes choses par le moyen de lignes tirées en différents sens et nous as donné le véritable portrait des trois personnes de Dieu par trois écus qui sont la quarte essence de signes du Tarot, le second étant barré de bâtardise et le quatrième révélant la distinction du bien et du mal gravée dans le bois de l'arbre de science*" - cette "*distinction du bien et du mal gravée dans le bois de l'arbre de science*" renvoyant à l'idée que la Croix fut faite de celui de l'Arbre du Paradis exposée par Jacques de Voragine[134] et illustrée par le cycle de fresques de la *Leggenda della Vera Croce* ou *Légende de la Vraie Croix* du chœur de la chapelle Bacci de la basilique San Francesco d'Arezzo, commencé en 1447 par Bicci di Lorenzo, et confié, à la mort de Bicci en 1452, à Piero della Francesca, qui l'exécute entre 1452 et 1466[135] -).

Ce symbolisme passe du suppedaneum, transformé en véritable cube au-dessous des pieds du Christ dans la version d'Anton Raphael Mengs (*Christus am Kreuz* ou *Christ sur la Croix*, c.1765-1768[136]), faisant partie d'un cycle de quatre toiles autour de la *Passion du Christ* réalisé pour la chambre à coucher du roi Carlos III, et actuellement au Palacio Real de Madrid[137]), cube décoré de trois clous en forme de triangle renversé (tel que le décrit Lévi, en lui donnant un symbolisme alchimique). Mengs respecte l'élévation historiquement généralement basse (à peu près à 30 centimètres du sol) des croix des suppliciés de l'Antiquité[138].

Ce symbolisme, disons-nous, passe des trois clous du suppedaneum du Christ de Mengs aux quatre cubes "quadrangulisant", de l'aveu même de l'artiste, le corps du Christ dans *Corpus hypercubus* (1954) de Salvador Dalí, qui affirmait:

"Je peignis une croix hypercubique sur laquelle le corps du Christ se convertit métaphysiquement en un neuvième cube, en suivant les préceptes et discours sur la forme cubique de Juan de Herrera, constructeur de l'Escorial, inspiré de Ramon Llull."[139]

On relèvera, dès lors, l'inversion entre les deux oeuvres: conformément à l'iconographie classique, comme les pieds du Christ chez Mengs sont portés par le suppedaneum, lequel cependant, de manière inespérée porte trois clous, son Christ est cependant, conformément à l'iconographie classique[140], donc,

34

avec suppedaneum, cloué par quatre clous (un pour chaque pied, crucifié quadriclave), alors que Dalí représente les deux pieds l'un sur l'autre, donc une crucifixion par trois clous et sans suppedaneum (crucifié triclave), quand, en même temps, il attribue quatre cubes correspondant à chaque extrêmité du corps du supplicié.

Nous sommes, donc, bien là dans une correspondance ternaire-quaternaire (dieu-homme) qui, par contrecoup, éclaire et valide l'évocation du même principe par Jarry.

5. Conclusion

On voit comment Jarry modifie les termes, à partir d'une référence analytique condensée de diverses sources, parfois que nous pouvons retrouver concrètement (cas de Constant), parfois moins claires (cas de l'évocation des Arcanes spécifiques du Tarot).

Jarry reproduit, nous l'avons, nous semble-t'il, montré par les preuves comparatives, à la fois les thèses de son époque, dont il est parfaitement conscients, pour preuve les implications non euclidiennes que nous avons dites de sa démonstration (la forme "$P = 0$" n'est-elle pas l'expression de coordonnées homogènes[141], "*introduites par August Ferdinand Möbius dans son ouvrage de 1827, Der barycentrische Calcül,... [elles forment] un système de coordonnées utilisé en géométrie projective, les coordonnées cartésiennes étant utilisées en géométrie euclidienne, qui permet aux coordonnées des points, y compris pour les points à l'infini, d'être représentées à l'aide de coordonnées finies*"[142], notamment pour les courbes elliptiques[143], telle la Courbe de Bézier[144] et le Théorème de Bézout[145], sorte, ce dernier, de tridimensionnalisation du Théorème de Pythagore[146], et très proche de la démonstration de Jarry[147] en ce qui concerne l'équivalence $x = y = 0$[148]), et, par conséquent, les points en commun avec *Flatland*, en même temps qu'il expose on ne peut plus clairement, donc en les maîtrisant conceptuellement, les problèmes métaphysiques de la tradition philosophique dans sa branche logique.

Ainsi, la structure de différentiation divine exposée, en conclusion, par Jarry:

"Que les deux droites a font avec la première des angles plus petits au moins que 60°, et bien plus ne peuvent rencontrer 2√0 qu'en coïncidant avec la première droite a.
Ce qui est conforme au dogme de l'équivalence des trois Personnes entre elles et à leur somme.
Nous pouvons dire que a est une droite qui joint 0 à ∞, et définir Dieu:
Définition. — Dieu est le plus court chemin de zéro à l'infini.
Dans quel sens? dira-t-on.
— Nous répondrons que Son prénom n'est pas Jules, mais Plus-et-Moins. Et l'on doit dire:
± Dieu est le plus court chemin de 0 à ∞, dans un sens ou dans l'autre.
Ce qui est conforme à la croyance aux deux principes; mais il est plus exact d'attribuer le signe + à celui de la croyance du sujet.
Mais Dieu étant inétendu n'est pas une ligne.
— Remarquons en effet que, d'après l'identité
$\infty - 0 - a + a + 0 = \infty$
la longueur a est nulle, a n'est pas une ligne, mais un point.
Donc, définitivement:
dieu est le point tangent de zéro et de l'infini."[149]

Si on la décompose, répond parfaitement aux thèses logiques, d'une part:

"Que les deux droites a font avec la première des angles plus petits au moins que 60°, et bien plus ne peuvent rencontrer 2√0 qu'en coïncidant avec la première droite a.
Ce qui est conforme au dogme de l'équivalence des trois Personnes entre elles et à leur somme."

De John Duns Scot dans le paradoxe du *Lib.* II de l'*Ordinatio* (1300-1302[150]), concernant la question des deux droites coupant les deux cercles concentriques créant une correspondance biunivoque[151]; et de l'autre:

"Nous pouvons dire que a est une droite qui joint 0 à ∞, et définir Dieu:
Définition. — Dieu est le plus court chemin de zéro à l'infini.

Dans quel sens? dira-t-on.
— Nous répondrons que Son prénom n'est pas Jules, mais Plus-et-Moins. Et l'on doit dire:
± Dieu est le plus court chemin de 0 à ∞, dans un sens ou dans l'autre.
Ce qui est conforme à la croyance aux deux principes; mais il est plus exact d'attribuer le signe + à celui de la croyance du sujet.
Mais Dieu étant inétendu n'est pas une ligne.
— Remarquons en effet que, d'après l'identité
$$\infty - 0 - a + a + 0 = \infty$$
la longueur a est nulle, a n'est pas une ligne, mais un point.
Donc, définitivement:
dieu est le point tangent de zéro et de l'infini."

À la question 3 du Lib. II de *l'Ordinatio*, distinction 1, de Scot sur l'impossibilité de Dieu de produire autre chose que lui-même, en référence à la condition de la création *ab aeterno sine principio*[152], que, débattant les thèses de Guillaume d'Ockham, reprendra Walter Burley dans l'*In Physicam Aristotelis Expositio et Quaestiones* (après 1324[153]; édité à Venise en 1501, par Simone de Luere[154] et Andrea Torresano de Asula[155]), Lib. VI, question 4, fᵒ 175va-vb[156], mais aussi dans son *Traité des formes (pars posterior)* (1324-1326), notamment concernant l'intégralité du lieu, qui est tout entier dans chacune de ses parties[157], dans une discution où "*la théologie, la physique, la logique, la métaphysique sont mobilisées ensemble sans séparation stricte et mettent en commun la finalité de leurs questionnements*"[158], qui a directement à voir avec ce que nous avons considéré, chez Jarry, comme la question de la relation entre la surface nulle, équivalant à une ligne, et une ligne nulle, équivalant à un point, puisque traitant du point à la ligne:

"*L'origine du débat s'enracine dans la théorie aristotélicienne des catégories, mais les trois dubia consécutifs au texte quinze dans la Physique où Burley réfute la théorie de la quantité ockhamiste font évoluer ce cadre logique aristotélicien vers une discussion de philosophie naturelle typique de l'époque à Paris et à Oxford, le statut des indivisibles et la nature du point. Pour Ockham, le point n'a pas d'existence en dehors de l'imagination mathématique et des expressions sémantiques qui organisent le discours physique, car il n'est ni substance, ni accident, ni divisible, ni indivisible. Burley déjoue le système ockhamiste, en introduisant la possibilité pour le point de reposer inadéquatement dans un sujet. S'il est indivisible, il est un accident de l'accident quantité, et repose inadéquatement dans la quantité dont il est le terme. Burley oppose à Ockham l'inadéquation du point à son sujet, qui induit une indivisibilité et une existence en tant que limite quantitative."*[159]

Ce qui, comme pour Jarry lorsque, se basant en outre sur l'équivalence en calcul entre l'infiniment petit et l'infiniment grand[160], il écrit que "± *Dieu est le plus court chemin de 0 à ∞, dans un sens ou dans l'autre.../... (Car) Mais Dieu étant inétendu n'est pas une ligne.../... la longueur a est nulle, a n'est pas une ligne, mais un point./ Donc, définitivement:/ dieu est le point tangent de zéro et de l'infini.*", expose que "*les parties divisées ou amenées à être séparées sont à la fois terminées mais aussi composées de quelque chose à la fois divisible et indivisible.*"[161]

Ce pour quoi:

"De là, le corps est terminé par la surface comme par son sujet proche et la surface est terminée par la ligne et la ligne par le point; pour cette raison, de même que le point n'est pas la partie de la ligne, de même la ligne n'est pas la partie de la surface, ni la surface, la partie du corps. Alors, la surface est ainsi le terme essentiel du corps, parce que Dieu ne peut faire le corps du genre de la quantité sans surface qui le limite, parce que si la surface ne terminait pas le corps, le corps n'aurait pas un terme ni une limite, et par conséquent, le corps serait infini en acte, et, si Dieu ne pouvait faire le corps en acte infini, comme le disent les philosophes, il s'ensuivrait que Dieu ne pourrait faire le corps du genre de la quantité sans surface qui le termine, etc (Walter Burley, Traité des formes, 63.).

Au nom du même principe de non-contradiction, Burley affirme que Dieu ne peut compromettre la structure de l'infini et a donc créé une ligne auquel seul le point peut mettre un terme.

Et ainsi j'affirme que Dieu ne peut pas produire de ligne sans point, ligne à laquelle il sert de terme bien qu'il ne puisse produire la ligne sans ce point-ci limitatif et sans ce point-là qui coupe la ligne. Et de la même manière, j'avance un autre argument théologique. Dieu ne peut pas produire une ligne sans point limitatif bien qu'il puisse produire une ligne sans ce point et sans cet autre qui divise la ligne, pourtant il ne peut pas produire la ligne sans ces points ensembles (Walter Burley, Gualteri Burlei in physicam Aristotelis; expositio et questiones ac etiam quaestio de primo et ultimo instanti denuo revisa ac mendis purgata et accuratissima quantum ars perficere potest impressa, Venezia, 1501, dubia 13, 14 et 15. Exposition et questions sur la Physique d'Aristote, livre I, qu. 14, f°. 14ᵛᵇ.)."[162]

On se rend, dès lors, compte combien la constitution du Collège de 'Pataphysique[163] (purement burlesque[164]) se fonde sur une malinterprétation de méthode[165] (au sens cartésien, nous allons y revenir tout de suite) du processus mental du lycéen et étudiant qu'avait à peine terminé d'être[166] Jarry, lequel combine les savoirs contradictoires qu'il obtient pour en montrer le non-sens, dans un mouvement, nous l'avons dit dès le début, potache[167] de critique à ses maîtres et aux incohérences de l'enseignement reçu, et, partant, des affirmations de logique des adultes.

Incohérence de méthode qui fait qu'en s'identifiant à Faustroll, les 'pataphysiciens dudit Collège s'identifient au personnage fictif, totalement absurde, creux, et insignifiant, par la représentation même qu'en donne Jarry - au même titre qu'en ce qui concerne Ubu-Hébert - (pour preuve, d'ailleurs, s'il en était besoin de plus claire, l'adjuvant que Jarry lui adjoint de Bosse-de-Nage/Christian Beck:

"... ainsi nommé en référence aux fesses qu'il a au visage à la place des joues. «Nache» ou «nage» signifie en effet « fesses» en ancien français, et celles-ci font deux bosses sur son visage.../...
Bosse-de-Nage caricature l'homme de lettres belge Christian Beck, à qui est dédié le dixième chapitre et avec qui Jarry était en très mauvais termes quand il acheva la rédaction des Gestes et Opinions en 1898—conflit immortalisé par André Gide en 1925 dans la scène du «Banquet des Argonautes» des Faux-Monnayeurs, où Alfred Jarry essaye de tuer un jeune Belge nommé Bercail directement inspiré à Gide par Beck.
Le nom du singe fait ainsi référence au visage rond et joufflu de Christian Beck et à la mauvaise qualité selon Jarry de ce qui sortait de sa bouche, assimilée à un anus. L'incapacité du babouin à prononcer d'autres mots que «Ha ha» lorsqu'il parle français visait également à moquer «l'élocution laborieuse» de Beck, tout comme la précision selon laquelle Bosse-de-Nage «prononçait assez correctement quelques mots belges».[168]),

Personnage de Faustroll créé par Jarry, mais ils ne s'identifient pas à Jarry, auteur réel du personnage[169], par voie de conséquence, ils ne s'identifient pas non plus à la pensée de Jarry, mais, incorrectement, à son explicite antitype: Faustroll-Ubu-Hébert/Beck-Bosse-de-Nage.

Ils deviennent Faustroll!

En combinant les savoirs contradictoires qu'il obtient de ses maîtres et de l'enseignement qu'ils lui donnent, pour en montrer le non-sens, Jarry se base, nous l'avons vu, assez spécifiquement sur des textes parfaitement référenciables, notamment de Descartes, Arnaud et Pascal (de fait, Descartes dans sa "*Quatrième Méditation. Du vrai et du faux*": "*et me tanquam medium quid inter deum et nihil*"[170], comme Pascal dans ses *Pensées*, Ière Partie, Article IV "*Connaissance générale de l'homme*" I: "*Car enfin qu'est-ce que l'homme dans la nature ? Un néant à l'égard de l'infini, un tout à l'égard du néant, un milieu entre rien et tout. Il est infiniment éloignédes deux extrêmes, et son être n'est pas moins distant du néant d'où il est tiré que de l'infini où il est englouti.*"[171] font bien pendant aux considérations, chez Jarry, de l'homme quatrième partie de la relation à la Trinité: "*Dieu immanent est trièdre et l'âme immanente pareillement trièdre.../... L'homme est tétraèdre parce que ses âmes ne sont pas indépendantes.*"[172] et de Dieu comme étant "*le plus court chemin de zéro à l'infini.*"[173], c'est-à-dire comme point intermédiaire entre les deux - ou, plutôt, comme on le voit dans les disputes de Scot et de Burley, à la fois l'un et l'autre -), mais aussi sur leurs antécédents (nous venons de le montrer, à travers, de nouveau, de Scot et de Burley), ce qui est logique pour l'élève d'un lycée, comme celui Émile-Zola de Rennes, où s'enseigne les sciences et la religion[174], et où officiera d'ailleurs le fameux professeur de physique et de chimie Hébert, modèle d'Ubu[175], et, postérieurement, pour celui qui sera l'élève du philosophe Henri Bergson[176].

Ce qui lui permet de présenter un sens totalement univoque des formes qu'il évoque, en respectant en cela la tradition, tant mathématique que religieuse.

Ainsi, lorsque Jarry s'écrit, à la fin de son ouvrage: "*La Pataphysique est la science...*", il dénonce les incohérences de la métaphysique (d'où la substitution d'un nom par l'autre - plusieurs dictionnaires de l'époque tendent ainsi à nous faire comprendre le préfixe "*pata*" comme quelque chose d'inférieur, comme amas de bêtises inutiles[177] -), qu'il a parfaitement énoncées, non par une démonstration *ab absurdum*, mais, tout au contraire (en opposition manifeste - comme on le voit parfaitement dans le présent ouvrage - à l'opinion commune jusqu'entre les pataphysiciens qui n'y voient rien moins qu'une argumentation sérieuse[178]), par une reproduction au pied de la lettre des préceptes chrétiens, et de ses symboles, que reprend à son tour le Tarot, comme forme supérieure, pour ainsi dire, de dérationalisation (comme peut l'être l'astrologie par rapport à l'astronomie), alors que les pataphysiciens qui se réclament de Jarry, s'ils lui rendent bien hommage en son statut potache, perdent deux vue deux points essentiels:

1. Celui du discours, puisqu'aussi bien dans sa forme que dans son contenu, le chemin d'analyse de Jarry reprend la structure (énumération des fragments anciens, ce n'est là rien moins que le système thomiste dans sa plus pure expression) et l'application métathéorique consécutive (comme le fait Arnaud dans ses objections à Descartes), alors que les pataphysiciens ne prétendent qu'à l'absurdité en elle-même, pour ce qu'ils[179] devraient plus se réclamer du *nonsense* anglais[180] et des Monty Python que de Jarry;

2. Celui de l'âge, puisque là où Jarry (né en 1873) était un encore jeune homme et un étudiant lorsqu'il rédigeait ses ouvrages, ce sont de vieux messieurs, souvent professeurs eux-mêmes (voire, pire encore, universitaires), qui prétendent en porter le flambeau, devenant, sans sembler s'en rendre compte, et avec tout le respect dû à leur condition et à leur âge, précisément, des Dr. Faustroll. Ce dont ils se revendiquent de fait (puisqu'ils annoncent dans

41

leurs statuts d'organisation l'existence d'"«*Un Curateur inamovible*» «*sis dans l'éthernité*», *à savoir le Docteur Faustroll,* [qui] *préside à l'essence et à l'existence du Collège.*"[181]), ironiquement car, comme nous venons de le montrer, ils semblent n'être pas clairement conscients de l'exactitude du fait.

Donc, nous terminons cette apostille en constatant, comme d'habitude la misère de nos pauvres Sciences Humaines (dominées non plus par les "*petits kantiens*" mais par leur équivalent contemporain: les arrassiens), par manque d'affrontement sérieux au matériel qui est le nôtre (concevra-t'on que nous sommes les premiers, sans être mathéticien, à présenter un essai de rationalisation sérieux sur la "*surface de Dieu*" jarryque), et, comme Jarry, en nous exclamant que, franchement (ne nous désolant, malheureusement, même pas sur les incohérences d'une religion, comme notre auteur et modèle en cela, mais des inexistants procédés épistémologiques, méthodologiques, ou, voire, plus vaguement encore, simplement scientifiques de nos confrères):

"*La Pataphysique est* (encore) *la science...*"

6. Compléments d'enquête, précisément à ce sujet (*"La Pataphysique est la science..."* points de suspension)...

Il est évident que lorsque Jarry conclut son ouvrage par la phrase, qu'il laisse en suspens:

"La Pataphysique est la science..."

C'est parce qu'il renvoie le lecture à la *"Définition"* qu'il en a déjà donnée, de fait dans le cap. VIII ainsi intitulé (*"Définition"*), premier du Livre II sur les " *Éléments de pataphysique*":

"Définition. — La pataphysique est la science des solutions imaginaires, qui accorde symboliquement aux linéaments les propriétés des objets décrits par leur virtualité."[182]

Ledit chapitre pose plusieurs éléments de définition pour cette science:

"La pataphysique, dont l'étymologie doit s'écrire ἔπι (μετὰ τὰ φυσικά) et l'orthographe réelle 'pataphysique, précédé d'un apostrophe, afin d'éviter un facile calembour, est la science de ce qui se surajoute à la métaphysique, soit en elle-même, soit hors d'elle-même, s'étendant aussi loin au delà de celle-ci que celle-ci au delà de la physique. Ex. l'épiphénomène étant souvent l'accident, la pataphysique sera surtout la science du particulier, quoiqu'on dise qu'il n'y a de science que du général. Elle étudiera les lois qui régissent les exceptions, et expliquera l'univers supplémentaire à celui-ci; ou moins ambitieusement décrira un univers que l'on peut voir et que peut-être l'on doit voir à la place du traditionnel, les lois que l'on a cru découvrir de l'univers traditionnel étant des corrélations d'exceptions aussi, quoique plus fréquentes, en tous cas de faits accidentels qui, se réduisant à des exceptions peu exceptionnelles, n'ont même pas l'attrait de la singularité."[183]

Tout d'abord, confirmant notre assertion que la pataphysique n'est rien d'autre que la métaphysique, et, en même temps, notre démonstration qu'elle part des connaissances de l'étudiant Jarry, qu'il intègre en les unifiant arbitrairement, pour s'en moquer, le nom de pataphysique a, selon lui, pour origine: *"ἔπι (μετὰ τὰ φυσικά)"* n'est autre que le préfixe grec *"ἔπι"*[184], qui donne le latin *"apud"*[185], et le titre de la *Métaphysique*, mais d'Aristote: *"Θεωρία τοῦ Ἀριστοτέλους μετὰ τὰ φυσικά/Theoria tou*

Aristotelous meta ta phusika"[186], soit "μετὰ τὰ φυσικά/*meta ta phusika*".

Ce pour quoi les pataphysiciens ont adjoint à l'apostrophe permanente, à la différence de Jarry dans son ouvrage (où il ne l'adjoint jamais, ni même pour la dernière phrase concernant Faustroll proprement dit: "*La Pataphysique est la science...*", avant l'impressionante suite des "*Spéculations*"[187]), au nom de cette science, pour indiquer, comme il l'écrit ici:

"l'orthographe réelle 'pataphysique, précédé d'un apostrophe, afin d'éviter un facile calembour, est la science de ce qui se surajoute à la métaphysique"

En outre:

"la pataphysique sera surtout la science du particulier, quoiqu'on dise qu'il n'y a de science que du général"

"la pataphysique sera surtout la science du particulier"

"Elle étudiera les lois qui régissent les exceptions"

Finalement, ce chapitre confirme notre intuition que la surface de Dieu jarryque a à voir avec les courbes et avec la géométrie non euclidienne, puisqu'il se conclut contre les évidences visibles, au profit de l'invisible et de l'arbitraire (comme la religion selon Goethe[188]):

"Il faut donc bien nécessairement admettre que la foule (en comptant les petits enfants et les femmes) est trop grossière pour comprendre les figures elliptiques, et que ses membres s'accordent dans le consentement dit universel parce qu'ils ne perçoivent que les courbes à un seul foyer, étant plus facile de coïncider en un point qu'en deux. Ils communiquent et s'équilibrent par le bord de leurs ventres, tangentiellement. Or même la foule a appris que l'univers vrai était fait d'ellipses, et les bourgeois mêmes conservent leur vin dans des tonneaux et non des cylindres."[189]

Une autre loi pataphysique, en relation avec l'idée jarryque:

"La juxtaposition des deux signes, du binaire et du ternaire, donne la figure de la lettre H, qui est Chronos, père du Temps ou de la Vie, et ainsi comprennent les hommes. Pour le Géomètre, ces deux signes s'annulent ou se fécondent, et subsiste seul leur fruit, qui devient l'œuf ou le zéro, identiques à plus forte raison, puisque le sont les contraire. Et de la dispute du signe Plus et du signe Moins, le R. P. Ubu, de la Cie de Jésus, ancien roi de Pologne, a fait un grand livre qui a pour titre César-Antechrist, où se trouve la seule démonstration pratique, par l'engin mécanique dit bâton à physique, de l'identité des contraires."[190] (XXXIX)

Est celle de:

"La théorie des équivalences ou, pour être précis, de l'équivalence universelle et de la conversion des contraires, a donné lieu à maint malentendu.
Postuler que le vrai et le faux sont identiques, en quelque sorte stables, équilibrés, serait déplorablement improductif et, pire, ennuyeux. Ce que le pataphysicien soutient, c'est que le signe + et le signe - s'annulent et se fécondent. Le concept s'éclaire d'un coup si l'on recourt à la Lettre sur les mythes de Paul Valéry qui savait comprendre Jarry et s'est comporté dans nombre de ses œuvres en pataphysicien conscient. Valéry dit:
«C'est une sorte de loi absolue que partout, en tous lieux, à toute période de la civilisation, dans toute croyance, au moyen de quelque discipline que ce soit, et sous tous les rapports, le faux supporte le vrai; le vrai se donne le faux pour ancêtre, pour cause, pour auteur, pour origine et pour fin, sans exception ni remède, et le vrai engendre ce faux dont il exige d'être soi-même engendré.»
Ce texte de Valéry constitue en son entier une des plus pertinentes expressions théoriques de la 'pataphysique:
«Que serions-nous donc sans le secours de ce qui n'existe pas? [...] Les mythes sont les âmes de nos actions et de nos amours. Nous ne pouvons agir qu'en nous mouvant vers un fantôme. Nous ne pouvons aimer que ce que nous créons.»"[191]

Les autres lois de la 'pataphysique (nous y ajoutons ici l'accent car elles proviennent des 'pataphysiciens, non de Jarry) sont qu'elle n'a rien à voir avec l'humour, et que tout individu est un pataphysicien, qu'il le sache, ou bien qu'il s'ignore et qu'il fasse alors de la pataphysique sans le savoir[192].

Ainsi, des sept lois émises par la pataphysique, les trois premières (science au-dessus de la métaphysique; science du particulier; science des solutions imaginaires) sont de Jarry, les trois suivantes du Collège (théorie de l'"*identité des contraires*" ou de l'"*équivalence universelle*", quoique celle-ci soit en germe chez Jarry; l'imperturbabilité, car rien n'est comique; tout est et tous sont pataphysique[s]). La septième, à son tour, découlant certainement de l'idée jarryque que la pataphysique est supérieure à la métaphysique (et de l'oubli général[193] des points de suspension, qui révèlent et renvoie, comme l'"*etc.*" de "*La Marseillaise*"[194], au fait que, par eux, Jarry veut nous indiquer qu'il reprend sans la terminer la phrase de "*Définition*" du cap. VIII), et à la conséquence livresque et universitaire qui en découle, à partir de la métaphysique aristotélienne, laquelle est l'autre versant de la physique, à savoir que la pataphysique est la science universelle[195], est encore du Collège. On ne niera cependant pas que, Jarry s'intéressant, dans le cap. VIII précédemment cité, à des cas physiques (l'eau, la chute des corps, leur forme et l'optique appliquée à celle-ci), prédispose cette conclusion.

Cependant, encore une fois, ce qui nous intéresse ici, est de constater que ces lois proviennent de la tradition, et, en cela encore, des auteurs précis dont nous avons pu voir qu'ils semblent avoir directement inspirés Jarry.

À savoir: que l'on fait de la pataphysique sans le savoir (sixième loi), cela nous rappelle Molière, évidemment, même si cette loi n'est pas en propre de Jarry.

Que la pataphysique est la science de la métaphysique (première et septième lois), cela confirme notre développement et notre démonstration.

L'imperturbabilité, qui équivaut à une égalité entre les objets et leur contraire (quatrième et cinquième lois, en germe chez Jarry, on l'a dit pour la quatrième, ce qui, par extension, peut bien s'appliquer à la cinquième, implicite dans la figure du Dr. Faustroll) nous renvoie, plus explicitement, à la relation entre les théorie aristotélicienne des catégories, d'où se dérivent les polémiques de Burley contre Ockham entre continu et indivisibles d'une part et divisibles et quantités de l'autre, entre substance et catégories ou accidents, lesquelles polémiques posent la question centrale de la séparation ou non de la substance ou du continu de ses accidents ou quantités, à partir, entre autres, de la question de la transubstantation eucharistique, dit autrement, en termes mathématiques, entre l'infini et le fini, entre la ligne et le point, ou, chez Jarry, entre l'infini et le zéro.

Ce qui renvoie, de fait, aussi à la troisième loi, des solutions imaginaires, ou des questions métaphysiques, comme encore les première et septième.

Quand à la seconde loi, de l'exception, elle concerne aussi bien l'apparition des systèmes non euclidiens, que la question cartésienne de l'exception de Dieu (*Méditation troisième*[196]) dans son doute méthodique[197], et à la fois, nous renvoyant à la troisième loi (de la définition même de la patapysique comme la science "*des solutions imaginaires* [pour] *les... objets décrits par leur virtualité*").

On notera que tout tourne bien autour des deux blocs d'information qui fondent la définition de la surface de Dieu chez Jarry (Descartes-Burley-Pascal d'une part; les mathématiciens non euclidiens du XIXème siècle de l'autre, dont une démonstration par acte est le voyage de Paris à Paris par mer qu'entreprend Faustroll au Livre III, comme double de Philéas Fogg, accompagné ici par Bosse-de-Nage, "*singe papion*"[198], en lieu et place de Jean Passepartout).

Similairement, tout fonde la pataphysique comme une réflexion métaphysique, mais entendue surtout comme une réflexion sur Dieu.

À tel point que le nom de Faustroll semble être une dérivation, d'une part de Faust, bien sûr, et de l'autre d'un suffixe, déjà vieux, puisqu'il "*naquit en Circassie, en 1898 (le XXe siècle avait (-2) ans), et à l'âge de soixante-trois ans*"[199], déjà savant, comme son modèle (la référence à l'âge du siècle est, évidemment, à son tour, une reprise satyrique du fameux poème de Victor Hugo sur sa propre naissance).

Jarry trouve ses inspirations dans le voyage du *Quart-Livre* (dont Jarry fit, par ailleurs, un opéra-bouffe[200]) quant aux îles visitées par Faustroll, chez Lewis Carroll en ce qui concerne la "*Fable*" "*Le homard et la boîte de corned-beef que portait le docteur Faustroll en sautoir*" s'intercalant au cap. XXVI et rappelant le "*Chapitre X. Le Quadrille De Homards*" d'*Alice au pays des Merveilles*; le début du cap. XXVI est d'ailleurs tout à fait rabelaisien:

"*Or Faustroll soulevait de sa fourchette vers ses dents cinq jambons entiers, rôtis et désossés, de Strasbourg, de Bayonne, des Ardennes, d'York et de Westphalie, dégouttants de Johannisberger, et la fille de l'évêque, à genoux sous la table, remplissait derechef chaque unité de la file ascendante des coupes hectolitres de la chaîne sans fin, qui traversait la table devant le docteur et passait vide près du siège élevé de Bosse-de-Nage;...*"[201]

Les éléments grotesques du voyage de Faustroll ont des liens avec ceux de Gulliver, Münchausen, que Jarry cite[202], ou Robisnon Crusoé, le titre du Livre III est ainsi "*De Paris à Paris par mer ou le Robinson belge*". L'absurdité même du voyage de Paris à Paris, qui marque le retour sur soi, non seulement a de forts liens, à notre sens, avec le *Voyage autour de ma chambre* (1794[203]) de Xavier de Maistre, mais scelle, en outre, ce parcours du sceau de l'elliptique, qui recouvre tout le volume, jusqu'à l'identité contraire (quatrième loi 'pataphysique) entre l'infini et le zéro.

Ainsi, de même, la citation, qui ouvre le cap. XXVIII du cap. XXIV de l'ouvrage intitulié *Le Moyen de Parvenir* de Béroalde de Verville permet de noter plusieurs similitude entre les deux livres: alors que Béroalde porte une satyre de la religion par la voie de la démonstration littéraire:

"*DÉMOSTHÈNES. Voilà un brave notaire! Il entendoit les écritures.*
EUCLIDE. On parle tant de cette intelligence d'écritures: qu'est-ce que c'est?"[204],

Jarry le fait par la mathématique, cependant les deux auteurs utilisent le recours au dialogue entre auteurs célèbres pour Béroalde, inventés pour Jarry (cap. XXXIX); comme Jarry, Béroalde s'attache à la compréhension de la figure divine[205]; comme Jarry, Béroalde utilise la voie ésotérique, citant, par exemple, Hermès Trismégiste[206]; comme Jarry[207], il a recours à la grossiereté rabelaisienne; comme Jarry, il titre ses chapitres selon un ordre arbitraire[208]; comme Jarry, il présente l'identité entre ternaire et quaternaire dans la relation entre Dieu et l'homme[209].

Jarry s'inspirant donc de toute évidence, en tout cela, de Béroalde[210], on peut parfaitement imaginer qu'il lui prenne aussi le nom d'Ubu (théologisé dans *Gestes...*: "*le R. P. Ubu, de la Cie de Jésus, ancien roi de Pologne,*"[211]) en référence à:

"*BADIUS. Tout beau! vous blasphémez en deux intentions. Ce grec vous trouble. Cabalistique ou cavalistique ne vient pas de cavalerie. Il ne faut donc pas parler d'ânerie, qu'à propos. Davantage, il convient dire sobrement, discourant des lanternes, pource que lanterne se prend souvent pour lumière ecclésiastique, comme grue pour évêque: témoin Cassander, en son recueil qu'il a fait des comparaisons, au titre du Moyen d'accorder les religions, nommant le premier ministre de Strasbourg, le grand lanternier d'ubiquité.*"[212]

Selon, d'ailleurs, un joli jeu de mots, on le voit, tout à fait jarryque.

On retrouve, en outre, chez Béroalde, les trois écus de Jarry:

"*Le notaire, voyant qu'il avoit plus de soixante arpents de fonds, le fit arrêter, lui présenta un flacon plein de vin d'Orléans tenant quinze pintes, qu'il avala tout d'un trait, et le vaisseau après. Adonc le notaire lui mit un doublon d'Espagne et deux angelots d'Angleterre, et trois vieux écus françois, avec un daler d'or, et trois moutons à-la-grand'laine, six sicles d'or, et douze médailles antiques de fin argent tenant d'or, et le renvoya.*"[213]

Juste après la citation qui sert à Jarry d'épigraphe au cap. XXVIII:

"Le petit faucheur quarré, étant arrivé, se mit à travailler. Il ne donnait trait de faux qu'il n'abattît un quart de charretée de foin, ou plus, tant il s'étendoit; et qui plus est il ne s'amusoit pas à battre sa faux; mais quand elle ne tranchoit point, il la passoit sur le long de ses dents, et cela faisait froooooococ. Ainsi, il gagnoit temps."[214]

Bien que sans l'attribuer à personne en particulier, le "*Ah, Ah*" de Bosse-de-Nage apparaît quatre fois comme exclamation *ex abrupto* chez Béroalde[215].

Alors que l'on ne sait pas exactement à quoi fait allusion celui-ci lorsqu'il parle de "*faucheur quarré*", dans certaines éditions le mot étant oublié ou remplacé par celui de "*quart*" pour quatrième, sans que cela ait plus de sens[216] - on peut toutefois assumer qu'il s'agit d'une référence à la taille, précédemment évoquée du faucheur:

"Un lundi matin, qui étoit le jour abuté, nous étions tous à regarder, ayant déjeuné joyeusement de bonne buglose, le soleil étant assez haut, que le notaire vint sur le pré avec un petit homme ramassé, qui portoit sa faux en dehors."[217] -

Ce qualificatif acquiert pour nous, par rapport et chez Jarry, qui le cite en épigraphe de l'un de ces chapitres, alors que plusieurs éditions de Béroalde sembleraient, au contraire, l'oublier[218], un sens tout autrement important, puisqu'il fait écho au caractère quaternaire de l'homme par rapport à celui, ternaire, de Dieu.

Si l'étymologie du nom Bosse-de-Nage par rapport à l'écrivain belge Christian Beck est suffisamment attestée[219], et ne pose aucun problème particulier, présente, au contraire, plus de complexité le suffixe "*roll*" appliqué au nom, en soi clair de Faust, par rapport à l'ensemble du sens des *Gestes*, qui s'occupe de l'interprétation métaphysique, s'il peut aussi bien référer à la bicyclette, objet d'intérêt connu pour Jarry, qu'au caractère circonvolutionnaire du héros, qui ne fait qu'un cercle pour retomber à Paris, comme celui de Jules Verne à Londres, en effet, sans surprise "*roll*" en anglais[220] comme en allemand[221] renvoyant à la roue et au roulement, et partant, peut-être au cercle théologique tel que nous avons essayé de le définir.

Si on le reporte à Philéas Fogg, dont l'étymologie du prénom renvoie à la racine grecque Φιλέας[222] "*philos*": "*ami*"[223], et celle du nom, comme Fogge, Fulcher, ou Foulquier[224], à la racine "*armée populaire*"[225], peut-être à mettre en relation avec la figure du *miles christianus* paysan de la Réforme[226], il n'est pas impensable que l'origine allemande du Faust et la similitude entre les deux noms de famille Faust-Fogg aient fourni l'idée à Jarry.

De même, il nous semble pouvoir distinguer une similaire allitération, dans les deux cas labiales (respectivement en PT - labiales-dentales - et en BN - labiales-palatales -), entre Passepartout et Bosse-de-Nage, dans les deux cas avec alternance de fricative S en seconde position.

L'amplification de Faust en Faustroll est-elle due à une intention comique, peut-être liée à l'idée de "*fox-trot*":

"*A low, short, broken type of trot in which the head usually nods. In executing the fox trot, the horse brings each hind foot to the ground an instant before the diagonal forefoot. This gait is accepted as a slow gait, but it is not as popular as the stepping pace.*"[227]

Toujours est-il qu'outre son âge de naissance:

"*Le docteur Faustroll naquit en Circassie, en 1898 (le xxe siècle avait (-2) ans), et à l'âge de soixante-trois ans.
À cet âge-là, lequel il conserva toute sa vie, le docteur Faustroll était un homme de taille moyenne, soit, pour être exactement véridique, de (8 × 1010 + 109 + 4 × 108 + 5 × 106) diamètres d'atomes;...*"[228],

Sont indiqués, au cap. II des *Gestes*... plusieurs éléments rotatoires, deux d'abord physiques, dont le premier des deux lié au mouvement solaire:

"*... les cheveux alternativement, poil par poil, blond cendré et très noir, ambiguïté auburnienne changeante avec l'heure du soleil; les yeux, deux capsules de simple encre* *à écrire, préparée comme l'eau-de-vie de Dantzick, avec des spermatozoïdes d'or dedans."*[229]

Puis d'hygiène:

"Ce matin-là, il prit son sponge-bath quotidien, qui fut d'un papier peint en deux tons par Maurice Denis, des trains rampant le long de spirales; dès longtemps il avait substitué à l'eau une tapisserie de saison, de mode ou de son caprice."[230]

Puis, finalement d'habillement et de mouvement imposé au corps et à la tête (pas exactement le fox-trot - dont découlera la danse de même nom peu après -, mais pas très loin non plus):

"Il empila sur son index droit des bagues, émeraudes et topazes, jusqu'à l'ongle, le seul de ses dix qu'il ne rongeât point, et arrêta la file d'anneaux par une goupille perfectionnée, en molybdène, vissée dans l'os de phalangette, à travers l'ongle.
En guise de cravate, il se passa au cou le grand cordon de la Grande-Gidouille, ordre inventé par lui et breveté, afin qu'il ne fût galvaudé.
Il se pendit par ce cordon à une potence disposée à cet effet, hésitant quelques quarts d'heure entre les deux maquillages suffocatoires dits pendu blanc et pendu bleu."[231]

De fait:

"A la fois bedaine (ou bouzine, boudouille, giborgne) de "Monsieuye Ubu, Comte de Sandomir, Roi de Pologne & d'Aragon", et graphisme tracé sur ladite bedaine, la gidouille fait l'objet de la vénération d'Ubu. Cette "spirale logarithmique qui coupe tous ses rayons sous un même angle", étudiée par les mathématiciens suisses Jacques et Jean Bernoulli, donne son nom à l'Ordre de la Grande Gidouille du Collège de Pataphysique. Vian est le Promoteur de cet Ordre, dont le Grand Conservateur est Raymond Queneau, et crée un gidouillographe, appareil à fabriquer les gidouilles. Mois du calendrier Pataphysique, elle est l'insigne de la Pataphysique, née des "Gestes et Opinions du Docteur Faustroll, Pataphysicien" d'Alfred Jarry en 1898.
La gidouille, chez Jarry, est d'abord un symbole de la boursouflure physique de son personnage. Apposée sur la bedaine du Père Ubu, elle en souligne la rondeur et l'énormité, qui fait la fierté du roi des Polonais A la fois cornue et ventrue, la spirale est aussi la formulation plastique de ce "Cornegidouille!", le juron favori du Père Ubu, qui signifie "par la puissance des appétits inférieurs". Courbe en expansion continue, la spirale est l'emblème parfait de l'appétit dévorant du Père Ubu: "Semblable à un œuf, une citrouille ou un fulgurant météore" déclare ce dernier ,"je roule sur cette terre où je ferai ce qu'il me plaira". Image de la personnalité physique du Père Ubu, la spirale en est également le symbole moral. Elle représente l'enflure du personnage, son infatuation, sa propension à l'emphase et aux formules creuses."[232]

On trouve, au XIXème siècle, à côté de ceux, très sérieux, des personnages de Verne, plusieurs exemples fameux de canulars traîtant de voyages scientifiques - à l'image de celui entrepris par le Dr. Faustroll -, en commençant par "*Le Canard au ballon*" ("*The Balloon-Hoax*", Avril 1844[233]) d'Edgar Allan Poe, jusques dans les bandes-dessinées du XIXème siècle:

"*La thématique du voyage humoristique, que le déplacement soit d'agrément, d'exploration, de quête, d'initiation, à but scientifique ou hygiénique, constitue le moteur narratif de la grande majorité des premières bandes dessinées publiées en France, en album et dans la presse. C'est que le XIXème siècle qui les voit naître hérite des découvertes scientifiques et géographiques du siècle précédent lesquelles alimentent un intérêt toujours plus fort pour les contrées inconnues ou inexplorées. Plus encore, les progrès techniques et l'essor des moyens de transports non seulement donnent le goût des déplacements mais construisent un «imaginaire du voyage» avec toute une littérature axée sur le récit de ces périples réels ou fictionnels.*
À plusieurs titres, les origines de la bande dessinée sont directement liées à l'idée de voyage. L'initiateur de ce nouveau moyen d'expression, le Genevois Rodolphe Töpffer, puise son inspiration initiale dans des récits de voyage et notamment dans The Tour of Doctor Syntax in Search of the Picturesque, que son père lui aurait rapporté d'un séjour en Angleterre. De plus, l'idée de la séquence en images se trouve en germe dans Les Voyages en zig-zag, ces récits illustrés des excursions dans les Alpes que Töpffer effectuait annuellement avec les élèves de son pensionnat. Deux de ses «histoires en estampes» sont donc naturellement les récits graphiques de voyages mouvementés et rocambolesques: le Docteur Festus (1840) part à dos de mulet pour «un grand voyage d'instruction» tandis que l'Histoire de Monsieur Cryptogame (1845) amène le personnage à embarquer pour le Nouveau Monde. Sous l'impulsion de ces odyssées imaginées par Töpffer, instituées en modèles, l'aventure itinérante devient le motif qui tisse la trame de bandes dessinées signées Cham, Gustave Doré, Léonce Petit, Gabriel Liquier ou encore Christophe. Le nombre de voyages en images rencontrés à partir de la Monarchie de Juillet et jusqu'à la fin du siècle pousse donc à s'interroger sur cette accointance et les fondements qui lient si étroitement le nouveau médium à ce motif originel."[234]

Sans compter les voyages humoristiques, du *Voyage de monsieur Perrichon* d'Eugène Labiche et Édouard Martin (représentée pour la première fois le 10 Septembre 1860 au théâtre du Gymnase, à Paris[235]) à l'opéra-féerie en 4 actes et 23 tableaux intitulé: *Le Voyage dans la Lune* par Jacques Offenbach (livret d'Albert Vanloo, Eugène Leterrier et Arnold Mortier d'après Jules Verne, créé le 26 Octobre 1875 au théâtre de la Gaîté).

La source de ces multiples voyages, éducatifs (comme ceux de la littérature infantile, d'Oliver Twist à Heidi en passant par *Sans Famille*[236], et ceux de colonisation et découverte du monde, de *Moby Dick* aux romans d'Emilio Salgari), comiques, moraux, ou scientifiques, étant, au XVIIIème siècle, ceux de Robinson, sans doute, mais surtout des trois plus célèbres contes philosophiques de Voltaire: *Zadig ou la Destinée* (1747[237]), *Micromégas* (1752[238]), et *Candide ou l'Optimisme* (Janvier 1759[239]).

De fait, si Faustroll part suite à l'éviction de son domicile par voie d'huissier (par l'acte duquel commence les *Gestes*...), Monsieur Cryptogame part pour fuir les assiduités de son Elvire[240].

Au cap II "*Le Christ errant*" de *L'amour absolu* (1932, posthume), Jarry parle de l'incohérence des dates de Marie, qui paraît plus jeune au pied de la Croix que celle qui a mis au monde Jésus[241], incohérence qu'il représente, dès les premières lignes du chapitre, par l'image de l'escargot[242].

C'est cette valeur cyclique que reprend le cap. XII "*Le droit au mensonge*"[243], où Jarry s'exclame:

"Les yeux de Monsieur Dieu sont un affiquet de son costume, même quand il est tout nu: ses portes de chair sur la Vérité.
Il n'y a qu'une Vérité.
Et des myriades, exactement toute la série indéfinie des nombres — tous les nombres qui ne sont pas l'Un — de choses qui ne sont pas cette Vérité.
La quantité de mensonges actuels ou possibles s'écrit x - 1 = x
Personne ne peut avoir cette Vérité, puisque c'est Dieu qui la détient.
Emmanuel Dieu ou l'Autre."

Valeur corrigée en "$\infty - 1 = \infty$"[244] dans l'édition de Gallimard (1980), conformément à la page 79 du manuscrit original (1899[245]).

Ce qui, de nouveau, sans l'éclairer plus (sauf en ce que ce passage révèle la condition de relation entre infini et unité chez Jarry, comme expression circulaire d'un temps impossible, ou, selon la manière dont on voudra le voir, relatif - Henri Poincaré[246] [*La Valeur de la Science*, 1913], après Ernst Mach[247], et Federigo Enriques [*Problemi della Scienza*, 1906], s'intéressant à la relativité du temps astronomique par rapport au temps de la conscience humaine -), mais en reprenant la problématique émise originellement par Faustroll dans les *Gestes...*, nous renvoie à la problématique de Burley entre les indivisibles et les divisibles.

De fait, cette définition nouvelle (elle est postérieure aux *Gestes...*) reprend Hugo, lorsqu'il écrit:

" *Oh ! l'essence de Dieu, c'est d'aimer. L'homme croit*
Que Dieu n'est, comme lui, qu'une âme, et qu'il s'isole
De l'univers, poussière immense qui s'envole;
Mais moi, l'ennemi triste et l'éternel moqueur,
Je le sais, Dieu n'est pas une âme, c'est un cœur.
Dieu, centre aimant du monde, à ses fibres divines
Rattache tous les fils de toutes les racines,
Et sa tendresse égale un ver au séraphin;
Et c'est l'étonnement des espaces sans fin
Que ce cœur effrayant, blasphémé par les prêtres,
Ait autant de rayons que l'univers a d'êtres.
Pour lui créer, penser, méditer, animer,
Semer, détruire, faire, être, voir, c'est aimer.
Splendide, il aime, et c'est par reflux qu'on l'adore;
Tout en lui roule; il tient à la nuit par l'aurore,
Aux esprits par l'idée, aux fleurs par le parfum;
Et ce cœur dans son gouffre a l'infini, moins un.
Moins Satan, à jamais rejeté, damné, morne.
Dieu m'excepte. Il finit à moi. Je suis sa borne.
Dieu serait infini si je n'existais pas."[248]

Non plus, cette fois, du point de vue spatial, mais temporel, comme l'exprime Lucien Lenglet (1863), au début du cap. III "*De l'infini et du fini*" I:

"L'infini, a dit Pascal, est une sphère dont le centre est partout et la circonférence nulle part.

Cette définition ingénieuse, ou plutôt cette image brillante, peint admirablement l'infinité de l'espace , que Pascal a seule en vue. Mais elle manquerait d'exactitude à l'égard de la durée infinie, des nombres infinis, de l'être ou du pouvoir infini, etc. Elle serait donc défectueuse, si l'on prétendait l'appliquer à l'infini en général.

L'infini et le fini ne sont rien par eux-mêmes; ce sont de simples qualités, des attributs qu'on ne doit pas isoler des êtres ou des objets aux quels ils se rapportent, parce qu'ils n'ont de réalité qu'en eux et par eux. Mais employés ainsi comme adjectifs, et par opposition l'un avec l'autre, ils servent à qualifier toute chose. En un mot, tout ce qui existe est ou fini, ou infini.

L'infini est au créateur ce que le fini est à la créature.

L'infini est au fini ce que le créateur est à la créature.

L'infini est à l'infini ce que le fini est au fini.

L'infini comme le fini peut être absolu ou relatif.

L'univers est un et multiple tout à la fois selon le point de vue sous lequel on l'envisage. Considéré dans son ensemble ou dans son unité, l'univers est infini; mais envisagé dans chacun de ses détails, dans sa variété ou sa diversité, l'univers est fini.

Le Créateur est un, il est infini; les créatures sont multiples, elles sont finies."[249]

Lenglet précisant, à la fin du même chapitre:

"V.

Tout ce qui est vrai pour le fini combiné avec le fini, est également vrai pour l'infini qui lui correspond, et dont le fini n'est qu'une parcelle circonscrite. Un nombre infini, par exemple, n'est pas plus identique aux autres nombres infinis, qu'un nombre limité n'est identique à tous les autres nombres finis. |

Les nombres finis varient indéfiniment dans leurs flexibles limites; les nombres infinis varient infiniment en l'absence de toutes limites. Dieu se joue éternellement avec les nombres, les combinaisons, les actes ou les créations infinies; nous combinons péniblement des nombres, des idées, des actes limités.

Ajoutez, soustrayez, divisez ou multipliez des nombres finis l'un par l'autre, vous obtiendrez assurément pour résultat des nombres très-différents entre eux. Mais, bien qu'ils aient pu varier immensément du petit au grand, ils resteront toujours des nombres limités, et jamais ils ne pourront atteindre l'infini, ni s'en approcher.

Il en est de même de l'infini; ajoutez une création infinie à une ou plusieurs autres; soustrayez les innombrables créatures qui s'éteignent, ou plutôt se transforment; multipliez une création infinie par un nombre infini de créations infinies; puis ramenez, par la division, tous vos produits à leurs éléments primitifs; vous obtiendrez dans tous les cas l'infini pour résultat; car vous ne lui aurez pas donné les limites qu'il ne peut

56

recevoir qu'en un petit nombre d'hypothèses. Nous en avons cité un exemple en parlant de la division de l'espace infini par l'infini.

On peut également passer de l'infini au fini par la soustraction. Ainsi, retranchez d'un nombre infini le même nombre infini, il reste zéro. Mais, d'un nombre infini, retranchez le même nombre infini moins un, moins cent, moins un milliard, vous aurez pour reste ces nombres finis.

Ajoutez à un nombre infini, ou retranchez-en un nombre fini; multipliez un nombre infini ou divisez-le par un nombre fini, vous obtiendrez dans tous les cas l'infini, bien qu'il ait varié du plus au moins et qu'il ait pu même s'élever à la seconde, à la troisième, à la dixième puissance.

L'infini a beau varier en lui-même, il ne change ni de caractère, ni de valeur relativement au fini. Et réciproquement, le plus petit nombre fini, quelque différent qu'il puisse être du plus grand nombre limité, sera cependant son équivalent par rapport à l'infini.

VI.

Qu'un infini puisse être tout différent d'un autre infini, sans pourtant avoir perdu son caractère propre, cela est évident en soi.

Nous démontrerons, en effet, que l'espace étant infini, Dieu l'a peuplé d'une infinité de mondes. Or, le nombre des grains de sable est bien grand sur la terre, et rien n'indique qu'il doive être moindre sur les autres globes. Et pourtant, le nombre des mondes est infini, comme celui des grains de sable de l'univers entier."[250]

On voit bien comment Lenglet:

"Considéré dans son ensemble ou dans son unité, l'univers est infini; mais envisagé dans chacun de ses détails, dans sa variété ou sa diversité, l'univers est fini.",

Compris après et par rapport à Hugo, éclaire Jarry, lorsque celui-ci écrit:

"Et des myriades, exactement toute la série indéfinie des nombres — tous les nombres qui ne sont pas l'Un — de choses qui ne sont pas cette Vérité."[251]

L'opposition en "*miroir*"[252] entre Myriam et Varia, qui double celle entre "*Emmanuel Dieu ou l'Autre*"/"*Emmanuel, et l'Autre*"[253] dans *L'amour absolu*, non seulement renvoie à l'association entre Dieu et Lucifer/Antichrist dans les *Gestes...*, mais y encore dédouble, comme dans ce précédent ouvrage, l'image du triangle binarisé (au cap. X):

"Car il faut bien que l'être qui brandit l'arme s'avoue bien plus faible que vous, puisqu'il invoque la ressource du fer.
Ils sont inoffensifs, puisqu'ils sont deux.
Ou l'on est ivre, et l'on rêve, puisqu'on les voit double."[254]

Associé à l'Amour[255]:

"La Trinité appose son Triangle."[256]

Dernière phrase, celle-ci, dudit chapitre X, l'ensemble du *"roman"* (genre donné à l'ouvrage par Jarry de titre, numérotée 1, de son manuscrit[257]) étant sous le signe du *"notaire"*, à l'instar de l'introduction des *Gestes...*, mis sous le signe de l'huissier.

Dans cette équivalence binaire de la figure du triangle, de manière très révélatrice, celui-ci réapparaît cité à la fin du volume (**cap. XV**):

"Le grand serpent de mer Léviathan vint aussi prosterner son crâne en triangle sous le petit talon de Myriam"[258]

Toutefois, termine de nous convaincre l'extrait suivant (**cap. XI**):

"Emmanuel se demande si elle est digne du récit ou non; s'il doit inventer un miroir qui lui montre l'Autre - Miriam! - ou nier.
Il se décide au plus sûr mensonge vis-à-vis de l'inférieur, ou du Relatif.
Il avoue l'Absolu:
- Vous avez eu, je ne sais pourquoi, une crise nerveuse.
Vous avez voulu me donner un coup de poignard - voici le talon - le petit triangle est bien net dans le drap."[259]

Plusieurs remarques s'imposent ici: tout d'abord que l'ouvrage est une superposition de la création génésiaque par rapport à la naissance du Christ[260]; qu'ici l'Autre évoqué n'est pas celui d'Emmanuel mais de Myriam - ce qui, cependant, confirme notre idée que le doublon Myriam-Varia correspond à celui Emmanuel-Autre -; que, dans cet extrait, Jarry valide notre référence à la théorie de la relativité dans ses préoccupation, ici, donc, non plus tellement spatiale, comme dans les *Gestes...*, d'après les débats théologiques du XVIIème siècle, mais temporelle, d'après ceux physiques du début du XXème siècle; finalement, que *L'amour absolu* est une dérivation purement théologique d'une dispute originellement burlesque, Jarry finissant par se prendre au sérieux, et y devenant théologue, à son tour, là où il se moquait originellement du principe dans les *Gestes...*

Revenant à la question, que nous venons, encore une fois, de soulever de la dualité Christ-Antichrist, en effet:

"*Lorsque Jarry écrit le premier acte de César-Antechrist, daté d'avril 1894, il ne prévoit qu'un «Acte unique», publié sous ce titre dans L'Art littéraire, texte autosuffisant qui voit la naissance de l'Antechrist, reflet inversé du Christ dans le sablier du temps.*"[261]

Confirmant ainsi (comme encore l'épigraphe des *Upanishads* de la "*Table*" des *Gestes...*[262]) la facilité avec laquelle Jarry se retourne, de la blague, vers l'implicite équivalence sérieuse:

"*César-Antechrist est tout simplement le récit de l'Apocalypse, développant les passages relatifs à l'Antechrist, venant régner sur le monde avant la fin des temps. Résumons rapidement la pièce pour revenir en détail sur son articulation. L'acte prologal de CésarAntechrist se trouve dans les Minutes de sable mémorial; Saint-Pierre-Humanité, représentant synthétique des pécheurs, emprisonné par trois christs en croix, assiste à la naissance de l'Antechrist, constitué par la croix d'or du décor, reflet inversé du Christ. Dans l'acte héraldique, l'Antechrist est déposé sur la terre par ses hérauts pour s'y refléter comme dans un miroir. Ces personnages disparaissent donc dans l'Acte terrestre pour céder la place à leurs reflets terrestres, le Maître à Phynances secondé de ses sbires caoutchouteux et explosifs. Lorsqu'Ubu s'endort, le ciel se retire, l'emportant; la scène est à nouveau disponible pour les premiers protagonistes; c'est l'Acte dernier, celui du Jugement, situé dans la vallée de Josaphat. César Antechrist pérore devant la Sphinge et les prophètes Hénoch et Élie, venus le combattre, avant d'être calciné par l'arrivée du Saint-Esprit, marquant la fin des temps.*"[263]

"*Ubu roi serait donc la matrice formelle de toute l'entreprise de César-Antechrist, le linéament primordial générant, par transposition de ses éléments abstraits, de nouvelles significations. Chaque acte de la pièce tend un miroir orienté d'une autre manière aux actions d'Ubu; il transpose dans un autre type de discours les personnages et leur action - d'où leurs qualificatifs, qui résument le principe à l'œuvre dans chacun. L'Acte prologal est celui de la Passion: il présente les personnages dans le contexte de la mort du Christ, conduisant à les transposer en croix, instruments de la Passion et Christs inversés. L'Acte héraldique est un miroir qui déforme selon l'art du blason: les trois Christs palotins deviennent les hérauts de l'Antechrist, empruntant leur forme à l'héraldique. Enfin l'Acte dernier traduit dans le personnel de l'Apocalypse ces différents protagonistes. César-Antechrist n'est donc pas uniquement une Passion inversée: c'est aussi une série de miroirs déformants qui se renvoient chacun l'image abstraite de la gidouille d'Ubu en la gonflant de sens. Jarry traduit sa pièce dans ces différents contextes pour conduire le spectateur, avide de significations, à rechercher dans les actions du Maître des Phynances un sens symbolique; à accorder, en bon apprenti pataphysicien, les propriétés héraldiques ou apocalyptiques aux linéaments décrits par la gidouille d'Ubu. La transposition est par conséquent un principe de plus-value sémantique: chaque acte apporte un code nouveau qui est d'abord un réservoir de simples formes - comme l'héraldique - mais de formes qui sont aussi des signes, ce qui augmente la potentialité sémantique des objets qui sont ainsi transposés. L'exégète et le lecteur tendent à vouloir lire en diagonale ces actes, à voir une multiplication des signes; Jarry se contente de juxtaposer des séries."*[264]

Trinité des "*Christs palotins*" qui dénote une dualité, de nouveau:

"L'Acte héraldique est une nouvelle transposition du linéament ubuesque, mais il apparaît pour le lecteur comme la suite logique de l'Acte prologal. Après la naissance de l'Antechrist par l'inversion du sablier du temps, nous voici sur un nouveau plan de réalité. Cet acte est divisé en deux phases très distinctes. La première consiste à amener l'Antechrist à se refléter dans le miroir terrestre pour invoquer Ubu, nouveau reflet de la trinité divine; le Roi l'annonce dès le début de l'Acte: «L'Antechrist est né, le César naîtra.» Pour faire naître César, le Roi a besoin d'un passeur, un être capable de transposer l'Antechrist sur la terre. Ce passeur, c'est Orle: «Orle, je te cherche de mes paumes dans la nuit impérissable». Orle serait donc une première incarnation, héraldique, d'Ubu (ou l'intermédiaire héraldique entre l'Antechrist et Ubu), ce qui correspondrait en effet à sa forme: l'orle est une bande reprenant le contour du blason, un pentagone retourné; comme il se définit lui-même: «notre polygone sustentateur grave la fosse et le cercueil du pentagramme crucifié.» On sait que le pentagramme est l'un des symboles de la croix; le « pentagramme crucifié » n'est autre que l'Antechrist, qu'Orle soutient. «Cariatide» de César-Antechrist, il le reflète inversé, ce qui explique son importance et le choix de son nom comme sous-titre de cet acte: Orle est l'incarnation héraldique de l'Antechrist, il est le point de bascule entre l'Antechrist et Ubu."[265]

[1] https://fr.wikipedia.org/wiki/Ubu_roi#Historique_de_la_pi%C3%A8ce

[2] *Ibid.*

[3] "*Jarry himself commented that the public "a reproché à Ubu Roi d'être une grossière imitation de Shakespeare et de Rabelais.""* (Patricia Murphy, "*Rabelais and Jarry*", The French Review, Vol. 51, No 1, 1977, p. 29)

[4] Comme le rappelle Lawrence D. Kritzman, "*Représenter le monstre dans le Quart-Livre de Rabelais*", *Rabelais pour le XXIe siècle: actes du colloque du Centre d'études supérieures de la Renaissance (Chinon-Tours, 1994)*, Genève, Librairie Droz S.A., 1998, p. 373.

[5] https://fr.wikipedia.org/wiki/Alfred_Jarry#Post%C3%A9rit%C3%A9

[6] https://fr.wikipedia.org/wiki/Gestes_et_opinions_du_docteur_Faustroll,_pataphysicien

[7] Alfred Jarry, *Gestes et opinions du docteur Faustroll, pataphysicien, suivi de Spéculations*, Paris, Bibliothèque-Charpentier, 1911, pp. 119-120.

[8] Cf. *ibid.*, **p.** 118: "*Symboliquement on signifie Dieu par un triangle, mais les trois Personnes ne doivent pas en être considérées comme les sommets ni les côtés. Ce sont les trois hauteurs d'un autre triangle équilatéral circonscrit au traditionnel. Cette hypothèse est conforme aux révélations d'Anne-Catherine Emmerich, qui vit la croix (que nous considérerons comme symbole du Verbe de Dieu) en forme d'Y, et ne l'explique que par cette raison physique, qu'aucun bras de longueur humaine n'eût pu être étendu jusqu'aux clous des branches d'un Tau.*"

[9] Sachant qu'un triangle rectangle 30-60-90 correspond à la moitié d'un triangle équilatéral (https://www.youtube.com/watch?v=onDTWPhRs-Y) ou triangle de l'écolier (http://villemin.gerard.free.fr/GeomLAV/Triangle/Types/TriaRect.htm).
"*Le triangle isocèle rectangle*
Il a la particularité d'avoir un angle à 90° entre les deux côtés de longueurs identiques, ce qui en fait un demi-carré.

Le triangle équilatéral
C'est un triangle particulier et surtout régulier, puisqu'il a, non pas deux, mais trois côtés identiques. Tous les angles sont égaux et font 60°."
(https://www.toutcalculer.com/geometrie/surface-triangle-equilateral.php)

[10] "*Soit ABC un triangle rectangle en A. Son hypoténuse est le côté opposé à l'angle droit, soit le côté [BC].*
En appliquant la propriété de Pythagore dans un triangle rectangle, il suffit de connaitre la mesure des 2 côtés de l'angle droit pour pouvoir calculer la mesure de l'hypoténuse.
En effet les mesures des côtés d'un triangle ABC, rectangle en A, sont liées par la relation suivante:
$BC2 = AC2 + AB2$
L'outil de calcul ci-dessous utilise la propriété de Pythagore pour déterminer la mesure de l'hypoténuse d'un triangle.
Il est nécessaire que le triangle soit rectangle et de connaitre les valeurs des 2 côtés de l'angle droit que l'on nomment ici AC et AB.
triangle rectangle
Dans cette figure l'hypoténuse est le segment [BC]: le segment opposé à l'angle droit."
(https://calculis.net/hypotenuse)

[11] https://fr.wikipedia.org/wiki/Loi_des_cosinus#Le_th%C3%A9or%C3%A8me_et_ses_applications
Serait-on face à un cas "*Comme solution d'une équation différentielle*
La série entière précédente est l'unique solution du problème de Cauchy:
$y''=-y, y(0)=1, y(0)=1, y'(0)=0,$

qui constitue donc une définition équivalente de la fonction cosinus." (https://fr.wikipedia.org/wiki/Cosinus#Comme_solution_d'une_%C3%A9quation_diff%C3%A9 rentielle)

[12]https://www.parfenoff.org/pdf/1re_S/geometrie/1re_S_equations_cartesiennes_droite.pdf

[13]Cf. la *"Démonstration"* in ibid.

[14]*"Si une droite possède un vecteur directeur vecteur u(xu; yu) et un point A(xA;yA) alors son équation cartesienne est:*
a.y +b.x + c = 0 avec a = yu; b = -xu; c = - xA.yu + yA.xu" (http://www.mathematiques-lycee.com/cours-premiere-s-geometrie/1eres-01-equation-cartesienne-droite.html)

[15]*"On appelle vecteur directeur d'une droite D, tout vecteur V, non nul de même direction que la droite.*
Le vecteur directeur d'une droite indique sa direction. Tout les vecteurs colinéaires au vecteur directeur sont aussi des vecteurs directeurs de la droite." (http://www.lombardf.com/~jean-eloi/pri/2nd1/maths/equation_droite.html)
"Une égalité traduisant l'appartenance d'un point de coordonés (x; y) à une droite s'appelle une équation de cette droite.

Propriétés:
toute droite du plan repéré à une équation de la forme:
x = c: si elle est parallèle à l'axe des ordonées.
y = mx+p (-> équation réduite)
toute équation de droite peu se mettre sous la forme ax + by + c = 0. Cette équation est dite cartésienne et est verifié que si x et y ne sont pas simultanément nul.

Preuve:
si l'équation est de la forme: x = k
alors x-k = 0 avec a=1 b=0 et c=-k.
si l'équation de la droite est de la forme y = mx+p
mx-y+p = 0 est une équation cartésienne ou a=m b=-1 et c=p

Réciproque:
Si l'équation de la droite est de la forme ax+by+c=0
si b = 0 (et a0) alors ax+c = 0 ou x = -c/a
si b 0 by = -ac-c ou y = -a/bx - c/b" (*Ibid.*)

[16]*"La notion de proximité est liée à une distance qui dans $\mathbb{R}$ est définie par la valeur absolue d'une différence, mais cette notion peut se généraliser à tout espace métrique. Plus tard, la notion s'est étendue aux espaces topologiques et «être proche» signifie alors «être dans un voisinage arbitrairement choisi»."* (https://fr.wikipedia.org/wiki/Limite_(math%C3%A9matiques))
"Il est possible aussi de considérer des limites où p ou L sont égaux à plus l'infini (+∞) ou moins l'infini (−∞).
On dit que f(x) tend vers +∞ quand x tend vers p (ou que f a pour limite +∞ en p) si
pour tout réel R > 0, il existe un réel δ > 0 tel que pour tout x tel que |x − p| < δ on ait f(x) > R.
On dit que f(x) tend vers L quand x tend vers +∞ (ou que f a pour limite L en +∞) si
pour tout réel ε > 0 il existe un réel S > 0 tel que pour tout x > S, on ait |f(x) − L| < ε.
Enfin, on dit que f(x) tend vers +∞ quand x tend vers +∞ (ou que f a pour limite +∞ en +∞) si
pour tout réel R > 0 il existe un réel S > 0 tel que pour tout x tel que x > S, on ait f(x) > R.
Les définitions pour moins l'infini sont analogues.
En remplaçant ε par S comme précédemment, on peut aussi définir les limites infinies d'un seul côté (à droite ou à gauche)." (https://fr.wikipedia.org/wiki/Limite_(math%C3%A9matiques)#Limites_infinies)

[17]Cf. par ex. https://fr.wikipedia.org/wiki/Espace_m%C3%A9trique

[18]"*De même, dans le cadre des calculs de limites, on ne donne aucun sens aux produits ou quotients par 0 de +∞ ou –∞. Cependant, en théorie de la mesure et en analyse convexe, on adopte souvent la convention 0 × ±∞ =0.*"
(https://fr.wikipedia.org/wiki/Droite_r%C3%A9elle_achev%C3%A9e#Op%C3%A9rations_ind %C3%A9termin%C3%A9es)

[19]"*In geometry and topology, the line at infinity is a projective line that is added to the real (affine) plane in order to give closure to, and remove the exceptional cases from, the incidence properties of the resulting projective plane. The line at infinity is also called the ideal line.*"
(https://en.wikipedia.org/wiki/Line_at_infinity)

[20]Selon un principe du cercle compactifié d'Alexandrov, cf. le débat http://www.les-mathematiques.net/phorum/read.php?6,452043,452061; et https://fr.wikipedia.org/wiki/Compactifi%C3%A9_d%27Alexandrov et https://fr.wikipedia.org/wiki/Sph%C3%A8re_de_Riemann

"*L'expression explicite de la projection stéréographique... Si par exemple tu projettes le cercle de centre (0,0) et de rayon 1 sur la droite d'équation y=0 à partir du pôle nord N=(0,1), l'image d'un point M de coordonnées (x,y) est le point M'=(x',0) tel que NM et MM' sont alignés...*"
(http://www.les-mathematiques.net/phorum/read.php?6,452043,452061; cf. aussi https://zestedesavoir.com/tutoriels/810/la-sphere-en-tant-que-surface-de-riemann/projection-stereographique-et-compactification/)

[21]"*The complex line at infinity was much used in nineteenth century geometry. In fact one of the most applied tricks was to regard a circle as a conic constrained to pass through two points at infinity, the solutions of*
$X2 + Y2 = 0$.
This equation is the form taken by that of any circle when we drop terms of lower order in X and Y. More formally, we should use homogeneous coordinates
$[X:Y:Z]$
and note that the line at infinity is specified by setting
$Z = 0$.
Making equations homogeneous by introducing powers of Z, and then setting Z = 0, does precisely eliminate terms of lower order.
Solving the equation, therefore, we find that all circles 'pass through' the circular points at infinity
$I = [1:i:0]$ *and* $J = [1:−i:0]$.
These of course are complex points, for any representing set of homogeneous coordinates. Since the projective plane has a large enough symmetry group, they are in no way special, though. The conclusion is that the three-parameter family of circles can be treated as a special case of the linear system of conics passing through two given distinct points P and Q."
(https://en.wikipedia.org/wiki/Line_at_infinity#History)

[22]"*Les coordonnées des points M(x;y) d'une telle droite sont liées par une équation de la forme y = ax + b. En posant y = f(x), on remarque que l'on définit ainsi une fonction affine.*

On parle parfois de droite oblique dans le repère considéré par opposition aux deux cas précédents. La droite oblique (d5) passe par les points de coordonnées respectives (2;0) et (0;2).

Si x = 0, on a y = 2; par suite b = 2
Si y = 0, on a x = 2; par suite 2a +2 = 0, d'où a = -1. (d5) a donc pour équation y = - x + 2"
(http://serge.mehl.free.fr/anx/dtes_p.html)

[23]Dans l'exemple décrit à la note précédente: "*y = - x + 2*"; ce qui équivaut, chez Jarry, à "*N = ∞ – 0*"

"*D'une façon générale, la recherche de l'équation d'une droite sous la forme y = ax + b conduit à un système de deux équations à deux inconnues a et b:*
si x est nul, alors y = b: le nombre b est l'ordonnée à l'origine de la droite.

63

si une droite passe par l'origine, son ordonnée à l'origine est nulle: b = 0.
Son équation est de la forme y = ax.
Ci-dessous, l'ordonnée à l'origine de la droite d1 est b = -1 et l'ordonnée à l'origine de la droite d2 est 0 car elle passe par l'origine" (Ibid.)

[24]https://www.youtube.com/watch?v=6ONVPpAGp0A

[25]"*«Tout est nombre.»* Le grand apport de Pythagore, c'est l'importance de la notion de nombre et le développement d'une mathématique démonstrative (mais aussi religieuse). Pour un Grec de l'Antiquité, le nombre désigne toujours un nombre entier et signifie «système arrangé numériquement», «pluralité ordonnée», «chose structurée»; d'autre part, «un» n'est pas considéré comme un nombre avant Archytas. Chez les pythagoriciens, les choses sont des nombres, ou les choses consistent en nombres, ou les choses imitent les nombres (qui seraient des principes), ou les choses ont des nombres: un certain flou demeure.*

Selon Aristote, pour les pythagoriciens, les choses sont des nombres; par exemple, un et esprit sont identiques, en musique les intervalles des tons sont des rapports de nombres; selon Philolaos de Crotone: les choses ont des nombres, sont faites de nombres; par exemple, la pyramide contient le nombre 10, le ciel consiste en 10 corps célestes (étoiles, 8 planètes, Anti-Terre); selon Hippase, les choses ont pour modèles les nombres.

La fameuse déclaration «Les choses sont nombre» signifie à la fois: a) c'est le nombre qui constitue la structure intelligible des choses (ce principe fonde en raison la physique mathématique); b) les éléments fondamentaux des mathématiques sont les éléments des choses (ce principe affirme la possibilité de définir une structure de l'esprit qui est une structure des choses et que constituent les notions de fini et d'infini, d'un et de multiple, etc.)." (https://fr.wikipedia.org/wiki/Pythagore#Arithm%C3%A9tique_(et_arithmologie))

[26]Cf. Isidore Levy, "*Autour de «La Légende de Pythagore»*", *Revue belge de philologie et d'histoire*, T. 9, Fasc. 1, 1930, pp. 73-93; Fernand Chapouthier, "*La prétendue initiation de Pythagore à Délos*", *Revue des Études Grecques*, T. 48, Fasc. 226-227, Juillet-Septembre 1935, pp. 414-423; Pierre Boyancé, "*La religion de Platon*", *Revue des Études Anciennes*. T. 49, 1947, No 1-2, pp. 178-192; A.Merlin, "*De Pythagore aux Apôtres [Jérôme Carcopino. De Pythagore aux Apôtres. Études sur la conversion du Monde romain]*", *Journal des Savants*, Octobre-Décembre 1956, pp. 145-165; Robert Joly, "*Louis Rougier, La religion astrale des Pythagoriciens*", *L'antiquité classique*, T. 28, Fasc. 2, 1959, pp. 514-515; Marcel Detienne, "*La cuisine de Pythagore*", *Archives de sociologie des religions*, No 29, 1970. pp. 141-162.

[27]Cf. N.-B. Barbe, "*Introduction à l'étude des "Tentations de Saint Antoine"*", *Revue de la Bibliothèque Nationale de France*, No 4, Hiver 1994, pp. 10-15.

[28]"*Au centre du cercle tous les rayons coexistent dans une unique unité et un seul point contient en soi toutes les lignes droites, volontairement unifiées les unes par rapport aux autres et toutes ensemble par rapport au principe unique duquel elles procèdent toutes. Au centre même, leur unité est parfaite; si elles s'en écartent un peu, elles se distinguent un peu; si elles s'en séparent davantage, elles se distinguent davantage. Bref, dans la mesure où elles sont plus proches du centre, par là même leur union mutuelle est plus intime, dans la mesure où elles sont plus éloignées de lui, la différence augmente entre elles*" (Pseudo-Denys l'Aéropagite, *Les Noms Divins* [820C et 820D § 6] dans les *OEuvres complètes*, Paris, Aubier, 1943, pp. 132-133)

[29]D'une part par la construction d'un triangle rectangle à partir d'un petit côté ("*Placer deux points A, B et tracer le segment [AB], tracer la perpendiculaire à [AB] passant par B, placer un point C sur la perpendiculaire./ Gommer la perpendiculaire, tracer les segments [BC] et [AC]./ Marquer le milieu de [AB] et tracer le cercle de centre O, passant par A.*", https://debart.pagesperso-orange.fr/geoplan/triangle-rectangle.mobile.html#ch1), et de l'autre, et inversement mais tout à la fois symétriquement, par le cercle inscrit ("*ABC est un triangle rectangle en A, Ce son cercle circonscrit de diamètre [AB], de centre O et de rayon R = BC/2 et Ci son cercle inscrit de centre I et de rayon r./ Les projetés orthogonaux de O sur les côtés [AC] et [AB] sont les milieux B' et C'./ Les distances du centre O aux petits côtés du triangle, notées par d2 et d3 sont OB' = AB/2 et*

$OC' = AC/2.$ / *La somme des distances du centre O aux côtés du triangle est donnée par: AB + AC = BC + 2r ou b + c = a + 2r.*/ *En effet, d'après le théorème général, la somme des distances du centre O aux côtés du triangle est d2 + d3 = R + r, soit AB/2 + AC/2 = BC/2 + r, d'où la conclusion en multipliant par* 2.", https://debart.pagesperso-orange.fr/geoplan/triangle-rectangle.mobile.html#c_inscit).

[30]Jarry, p. 118.

[31]*Ibid.*, pp. 120-121.

[32]Cf. notre ouvrage sur *Le Grand Verre* de Marcel Duchamp.

[33]*"I call our world Flatland, not because we call it so, but to make its nature clearer to you, my happy readers, who are privileged to live in Space.*

Imagine a vast sheet of paper on which straight Lines, Triangles, Squares, Pentagons, Hexagons, and other figures, instead of remaining fixed in their places, move freely about, on or in the surface, but without the power of rising above or sinking below it, very much like shadows-only hard and with luminous edges-and you will then have a pretty correct notion of my country and countrymen. Alas, a few years ago, I should have said "my universe": but now my mind has been opened to higher views of things.

In such a country, you will perceive at once that it is impossible that there should be anything of what you call a "solid" kind; but I dare say you will suppose that we could at least distinguish by sight the Triangles Squares and other figures moving about as I have described them. On the contrary, we could see nothing of the kind, not at least so as to distinguish one figure from another. Nothing was visible, nor could be visible, to us, except straight Lines; and the necessity of this I will speedily demonstrate.

Place a penny on the middle of one of your tables in Space; and leaning over it, look down upon it. It will appear a circle.

But now, drawing back to the edge of the table, gradually lower your eye (thus bringing yourself more and more into the condition of the inhabitants of Flatland), and you will find the penny becoming more and more oval to your view; and at last when you have placed your eye exactly on the edge of the table (so that you are, as it were, actually a Flatland citizen) the penny will then have ceased to appear oval at all, and will have become, so far as you can see, a straight line.

The same thing would happen if you were to treat in the same way a Triangle, or Square, or any other figure cut out of pasteboard. As soon Flatland (first edition) page 4.pngas you look at it with your eye on the edge of the table, you will find that it ceases to appear to you a figure, and that it becomes in appearance a straight line. Take for example an equilateral Triangle-who represents with us a Tradesman of the respectable class. Fig. I represents the Tradesman as you would see him while you were bending over him from above; figs. 2 and 3 represent the Tradesman, as you would see him if your eye were close to the level, or all but on the level of the table; and (3) if your eye were quite on the level of the table (and that is how we see him in Flatland) you would see nothing but a straight line.

When I was in Spaceland I heard that your sailors have very similar experiences while they traverse your seas and discern some distant island or coast lying on the horizon. The far-off land may have bays, forelands, angles in and out to any number and extent; yet at a distance you see none of these (unless indeed your sun shines bright upon them revealing the projections and retirements by means of light and shade), nothing but a grey unbroken line upon the water.

Well, that is just what we see when one of our triangular or other acquaintances comes towards us in Flatland. As there is neither sun with us, nor any light of such a kind as to make shadows, we have none of the helps to the sight that you have in Spaceland. If our friend comes close to us we see his line becomes larger; if he leaves us it becomes smaller: but still he looks like a straight line; be he a Triangle, Square, Pentagon, Hexagon, Circle, what you will-a straight Line he looks and nothing else.

You may perhaps ask how under these disadvantageous circumstances we are able to distinguish our friends from one another: but the answer to this very natural question will be more fitly and easily given when I come to describe the inhabitants of Flatland. For the present let me defer this subject, and say a word or two about the climate and houses in our country." (Edwin Abbott Abbott, *Flatland, a Romance of Many Dimensions*, Londres, Seeley and Co., 1884, *"Part I This World"*, *"§ 1.-Of the Nature of Flat land"*, pp. 3-5)

[34]*Ibid.*, Fig. 1-3 p. 4.

[35]*OEuvres philosophiques de Descartes publiées d'après les textes originaux, par L. Aimé-Martin*, Paris, Auguste Desrez, 1838, *"Quatrièmes objections faites par M. Arnauld, Docteur en Théologie"* au *Discours de la Méthode*, *"Lettre de M. Arnauld au R.P. Mersenne"*, p. 137, à propos de l'exemple du triangle comme modélisation géométrique du problème de la connaissance étendu de soi. Ce rapport est si fortement ancré dans l'esprit de la philosophie de la religion qu'il est encore repris au XIXème siècle, dans les lettres d'Éliphas Lévi (*The Kabalistic and Occult Philosophy of Eliphas Levi - Volume 1: Letters to Students Bilingual Edition - Édition bilingue La Philosophie Kabalistique et Occulte d'Éliphas Lévi Tome 1: Lettres aux Étudiants*, Lulu.com, 2017, 101/CI du Jeudi 25 Septembre 1862, p. 291: *"Je viens de lire dans l'Opinion Nationale un fragment d'une brochure de M. Renan, dans laquelle il déclare que, coin me savant, il ne croit pas à la divinité de Jésus-Christ. Homme naïf! Que peut-on croire comme savant? Est-ce que la science est compétente en matière de foi? Ce qu'on sait, on ne le croit pas, ce qu'on croit on ne le sait pas. M. Renan prétendrait-il savoir que Jésus-Christ n'est pas divin? C'est comme si un chrétien croyait que le carré de l'hypothénuse d'un triangle n'est pas égal, etc. Là-dessus longues polémiques dans le susdit journal dit: l'Opinion Nationale, au sujet d'un dieu philosophique, hypothétique et, par conséquent, irréligieux, c'est-à-dire en dehors de toute religion."*), aussi bien que dans l'extrait suivant: *"On remarque un caractère tout à fait semblable dans les relations que nous découvrons à l'aide du raisonnement et de la comparaison entre des idées ou des principes déjà connus, en un mot dans tous nos jugements analytiques. Par exemple, quand j'ai démontré en géométrie que les trois angles d'un triangle sont égaux à deux angles droits, mon esprit est satisfait, le rapport que je cherchais à connaître se montre à moi tout entier dans le jour le plus parfait, et je me conçois pas qu'il soit possible d'y ajouter quelque chose. Les mathématiques ne sont qu'une suite de rapports de cette espèce, c'est-à-dire une suite d'équations: voilà pourquoi elles nous offrent le modèle le plus accompli de l'évidence et de la certitude qui en est la suite. De plus, les idées mêmes sur lesquelles les mathématiques se fondent, les idées de triangle et de carré parfaits, de ligne sans surface, de surface sans profondeur, de point sans aucune dimension, étant pour la plupart de pures créations de l'esprit, sont aussi embrassées et comprises par l'esprit avec une entière évidence comme les rapports auxquels elles donnent lieu. Mais la foi n'est pas renfermée dans les mêmes limites et ae reconnaît pas les mêmes conditions. Là où cesse l'évidence il y a encore de la place pour la foi. La foi est une espèce de certitude qui se passe de l'évidence et qui a pour objet propre, non les formes, mais la réalité; non les phénomènes, mais les êtres; non de simples équations entre nos idées, mais le commerce actif et vivant de toutes les existences."* (*Dictionnaire des sciences philosophiques, par une société de professeurs de philosophie*, Paris, L. Hachette, 1844, T. I, art. *"Foi"*, pp. 425-426)

[36]*"Si l'on prend pour axe des abscisses la droite joignant les deux sommets, et pour axe des ordonnées son autre axe de symétrie, l'équation d'une lemniscate peut s'écrire:*

$$y = \pm af\,(x/a)$$

où a désigne une constante et f une fonction paire définie sur l'intervalle $[-1, +1]$*, vérifiant* $f(0) = f(1) = 0$ *et présentant un unique maximum sur l'intervalle* $]0, 1[$*."* (https://fr.wikipedia.org/wiki/Lemniscate#%C3%89quation_cart%C3%A9sienne)

[37]https://fr.wikipedia.org/wiki/Lemniscate

[38]Gaston Darboux, *Sur Une Classe Remarquable de Courbes Et de Surfaces Algébriques Et Sur la Théorie Des Imaginaires*, Paris, Gauthier-Villars, 1873, pp. 8-9.

[39]*Ibid.*, p. 12.

[40]*"Intuitivement, courbe s'oppose à droit: la courbure d'un objet géométrique est une mesure quantitative du caractère «plus ou moins courbé» de cet objet. Par exemple:*

dans le plan euclidien, une ligne droite est un objet à une dimension de courbure nulle et un cercle un objet de courbure constante positive, valant 1/R (inverse du rayon);
dans l'espace euclidien usuel à trois dimensions, un plan est un objet à deux dimensions de courbure nulle, et une sphère un objet à deux dimensions de courbure constante positive. Une «selle de cheval» possède au contraire un point de courbure négative.
Cette notion intuitive de courbure se précise et admet une généralisation à des espaces de dimensions quelconques dans le cadre de la géométrie riemannienne." (https://fr.wikipedia.org/wiki/Courbure)

[41]Par exemple *"En 1891-1892, il est élève d'Henri Bergson et condisciple de Léon-Paul Fargue et d'Albert Thibaudet au lycée Henri-IV."* (https://fr.wikipedia.org/wiki/Alfred_Jarry#Biographie)

[42]https://fr.wikipedia.org/wiki/Theorema_egregium

[43]Cf. https://fr.wikipedia.org/wiki/Th%C3%A9or%C3%A8me_de_Stokes#%C3%89nonc%C3%A9_e t_d%C3%A9monstration et https://fr.wikipedia.org/wiki/Th%C3%A9or%C3%A8me_de_Fubini

[44]https://fr.wikipedia.org/wiki/Op%C3%A9rateur_de_Laplace-Beltrami#D%C3%A9finition_et_propri%C3%A9t%C3%A9s_de_base_du_laplacien

[45]https://www.mathcurve.com/surfaces.gb/enneper/enneper.shtml

[46]https://fr.wikipedia.org/wiki/Courbure

[47]*Contributions à la théorie du calcul des variations By E. Husserl Edited by J. Vauthier, Queen's Papers in Pure And Applied Mathematics* No. 65, Kingston, Ontario, Canada, Queen's University, 1983, p. 81.

[48]Louis Salkin. *Création, stabilité et rupture d'interfaces fluides*, thèse doctorale en Sciences de la Matière, sous la dir. de Pascal Panizza et Laurent Courbin, Université Rennes 1, 2014, inédite, 7.76, p. 198.

[49]*"En 1760, Lagrange généralisa au cas de deux variables les résultats d'Euler concernant le calcul des variations pour les intégrales à une variable. Il cherchait à résoudre le problème suivant: «Étant donnée une courbe fermée de E3, déterminer une surface d'aire minimale ayant cette courbe comme frontière.» Une telle surface s'appelle une surface minimale.*

En 1776, Meusnier montra que l'équation différentielle obtenue par Lagrange était équivalente à une condition sur la courbure moyenne: «Une surface est minimale si et seulement si sa courbure moyenne en tout point est nulle.»

Les surfaces minimales ont une interprétation physique concrète: elles ont la forme que prend un film de savon s'appuyant sur un fil métallique. Cela permet d'obtenir expérimentalement des solutions dans les cas simples, méthode employée par le physicien belge Joseph Plateau au milieu du xixe siècle; la question de savoir si, pour un contour donné, il existe toujours une surface minimale, fut appelée le problème de Plateau, et fut résolue (par l'affirmative) en 1930 par Jesse Douglas et Tibor Radó; Douglas reçut pour ce travail une des premières médailles Fields en 19364.

On connait de nombreux exemples explicites de surfaces minimales, telles que la caténoïde, l'hélicoïde, la surface de Scherk et la surface d'Enneper. C'est un domaine de recherche étendu, dont on trouvera une synthèse dans (Osserman 2002). En particulier, un résultat d'Osserman montre que pour toute surface minimale non plane, son image par l'application de Gauss est dense dans $S2$.*" (https://fr.wikipedia.org/wiki/G%C3%A9om%C3%A9trie_diff%C3%A9rentielle_des_surfaces# Surfaces_minimales)

[50]Pierre Audibert, *Géométrie des pavages - De la conception à la réalisation sur ordinateur*, Paris, Lavoisier, 2013, p. 377.

[51]http://www.izuba.fr/forum/viewtopic.php?t=2253

[52]Cyrille Barreteau, *Morphologie et énergétique des surfaces vicinales de métaux de transition*, H.D.R. en Physique, Université Paris VI Pierre et Marie Curie, 7 Septembre 2004, inédite, 1.3.3., p. 12.

[53]http://www.granddictionnaire.com/ficheOqlf.aspx?Id_Fiche=26543957

[54]"*Minkowski parle de surface nulle part concave par rapport à un point, le terme convexe est réservé à la stricte convexité.*" (Sébastien Gauthier, *La géométrie des nombres comme discipline, (1890-1945)*, thèse doctorale en Mathématiques, sous la dir. de Catherine Goldstein, Université Paris VI Pierre et Marie Curie, 17 Décembre 2007, inédite, note 238 p. 95)

[55]Cf. Cahen, "*MINKOWSKI (H.). - Géométrie der Zahlen. Erste Lieferung. 240p. in-8°. Leipzig. Teubner, 1896.*", *Bulletin des Sciences Mathématiques*, 2ème Série, T. XXI, Année 1897, 1ère Partie, Paris, Gauthier-Villars et Fils, 1897, pp. 25-26.

[56]*OEuvres de Blaise Pascal publiées suivant l'ordre chronologique avec documents complémentaires, introductions et notes par Léon Brunschvigg, XII Pensées (I)*, Paris, Librairie Hachette, 1925,, pp. 70ss.

[57]Cf. Lisa Block de Behar, *Borges The Passion of an Endless Quotation*, State University of New York Press, 2003, p. 160.

[58]https://www.bacdefrancais.net/pascal-deux-infinis.php

[59]*OEuvres de M. Victor Cousin Quatrième Série - Littérature - Tome I Blaise Pascal*, Paris, Pagnerre, 1849, "*Troisième Partie. - Pensées tirées pour la première fois du manuscrit autographe*", "*Disproportion de l'homme*", pp. 298-301.

[60]Charles Nodier, *Questions de littérature légale - Du plagiat, de la supposition d'auteurs, des supercheries qui ont rapport aux livres*, Paris, Imprimerie de Crapelet, 1828, pp. 211-214, avait déjà relevé les plagiats de Pascal, entre autres envers Montaigne, pp. 211-213.

[61]Georges Maurevert, *Le livre des plagiats*, Paris, Arthème Fayard et Cie, 1922, pp. 46-48.

[62]Maurice de Gandillac, "*Prodromes, cheminements et conséquences d'une révolution cosmologique*", *Die Philosophie im 14. und 15. Jahrhundert: in memoriam Konstanty Michalski (1879-1947)*, Amsterdam, B.R. Grüner, 1988, p. 145.

[63]http://www.linternaute.com/citation/4196/c-est-une-sphere-infinie-dont-le-centre-est-partout--la--blaise-pascal/

[64]Cf. par ex. Auguste Blanqui et Guillaume Litaudon, *L'Éternité par les astres*, Lulu.com, 2019, pp. 17-18.
"*Par définition, Dieu est "Tout ce qui Existe", puisque "Rien" n'existe en dehors de Dieu. Aussi, cette citation de Blaise Pascal se prête vraiment à Dieu. En outre, cette citation n'est pas une métaphore. Une sphère de rayon infinie dispose réellement de son centre partout et de sa circonférence nulle part (ou plutôt, en une seule valeur radiale). En effet, quelque soit l'endroit où l'on se trouve dans cette sphère, l'on se trouve nécessairement à une distance infinie du bord, et ce dans toutes les directions de l'espace. L'on est donc, dans ce cas, inévitablement au centre. CQFD. Une sphère de rayon infini dispose d'une infinité de centre. Dieu est donc un système énergétique de rayon infini. Et chacune de notre conscience individuelle de perception en est le centre.*" (http://www.linternaute.com/citation/4196/c-est-une-sphere-infinie-dont-le-centre-est-partout--la--blaise-pascal/)

[65]Cf. notre ouvrage sur le néoplatonisme dans *La Création d'Adam* de la Chapelle Sixtine par Michel-Ange.

[66]Jarry, p. 117.

[67]*Ibid.*, pp. 117-.118.

[68]*Théologie cosmogonique, ou reconstitution de l'ancienne et primitive loi par D. Ramée*, Paris, Librairie d'Amyot, et Garnier Frères, 1853, pp. 12-13.

[69]*Dictionnaire des origines du christianisme, histoire des trois premiers siècles de l'église chrétienne. Établissement du christianisme en Orient et en Occident par L.-F. Jéhan, Troisième et dernière Encyclopédie Théologique Tome Quinzième*, Paris, Chez J.-P. Migne, 1856, pp. 963-966.

[70]*OEuvres Complètes de Blaise Pascal, Paris, Édition de Ch. Lahure Imprimeur à Paris*, Paris, Librairie L. Hachette et Cie, 1858, T. II, p. 420.

[71]Henri Gouhier, Blaise Pascal Commentaires, Paris, J. Vrin, 1984, "*Le pari de Pascal: Fonction du pari*", p. 285.

[72]*Logique de Port-Royal suivie des trois fragments de Pascal sur L'autorité en matière de philosophie, L'esprit géométrique et l'art de persuader: Avec une introduction et des notes par Charles Jourdain*, Paris, Librairie L. Hachette & Cie, 1854, pp. 27, 43, 45, 49, 73, 157, 158, 190, 236, 292, 293, 300, 303, occurrences auxquelles on ajoutera encore les deux supplémentaires de l'"*Avant-propos*" par Jourdain, pp. IX et XXIV.

[73]*Ibid.*, p. 43.

[74]Jarry, p. 117.

[75]*Ibid.*

[76]https://fr.wikipedia.org/wiki/Somme_des_angles_d%27un_triangle#Cons%C3%A9quence_pour_les_polygones

[77]http://www.abreathoflight.com/sellmerkabas;   https://hermandadblanca.org/merkaba-helios-roche/

[78]"*Merkabá (del antiguo hebreo: מרכבה, carroza. Presenta una raíz consonántica r-k-b, que tiene el significado general de dirigir (a un animal, en una carroza). Aparece en la Biblia, Ezequiel 1:4-26, para referirse al carro celestial de Dios, un vehículo de cuatro ruedas conducido por cuatro querubines, cada uno de ellos tiene cuatro alas y cuatro caras: de un hombre, un león, un buey, y un águila. En el judaísmo medieval, el comienzo del Libro de Ezequiel fue reconocido como el mayor pasaje místico de la Biblia, y sus estudios quedaban en continuo desacuerdo, sólo de forma aparente, esta fue una forma de mantener oculta la verdadera sabiduría de la Merkabá, hasta que se revelara por boca de los verdaderos iniciados.*
El cristal merkabá está tallado en forma de dos pirámides entrecruzadas y se interpretaría como la unión de corazón, mente y cuerpo.
En las modernas enseñanzas esotéricas, el Merkabá es presentado como un vehículo interdimensional bajo forma isométrica, compuesto por tres tetraedros estrella superpuestos uno sobre otro, pero que al observarlo o dibujarlo se ve como si fuese uno solo. Cada uno de los tres está compuesto de dos tetraedros simples, uno que apunta hacia arriba y que es masculino: tetraedro sol; y otro que apunta hacia abajo y que es femenino: tetraedro tierra. A su vez cada uno de los tetraedros estrella tienen una clasificación y una dirección de movimiento. El primero gira en dirección de los punteros del reloj y es femenino; el segundo gira en contra de los punteros del reloj y es masculino. El tercero es neutro y no gira, se mantiene detenido."
(https://es.wikipedia.org/wiki/Merkab%C3%A1)

[79]http://www.anundis.com/profiles/blogs/el-hombre-de-vitruvio-la-l-gica-de-la-vida-leonardo-da-vinci;   http://www.anundis.com/m/blogpost?id=2184779%3ABlogPost%3A539112; https://geometriadelaconciencia.wordpress.com/2011/07/20/viva-la-geometria-sagrada-creadora/   http://www.yourvibration.com/3207/whole-body/; http://libroesoterico.com/biblioteca/Cabala/Arbol%20de%20la%20Vida/El%20Concepto%20De %20Arbol%20Del%20Mundo.pdf, pp. 17-18.

[80]https://en.wikipedia.org/wiki/Vitruvian_Man

[81]"*El octaedro elevado sólido o hueco tiene treinta y seis líneas de igual longitud, setenta y dos ángulos superficiales y ocho sólidos piramidales y está contenido por veinticuatro superficies triangulares equiláteras y equiángulas que exactamente lo circundan. Pero doce de esas líneas son comunes a todos los triángulos de las pirámides. Este cuerpo está compuesto por ocho pirámides lateradas triangulares equiláteras y equiángulas de igual altura, visibles todas exteriormente, además del octaedro interior, sólo perceptible por la imaginación del intelecto y cuyas bases son bases de las mencionadas ocho pirámides, como por su forma material es manifiesto.*"
(*'La divina proporción' de Luca Pacioli, page 93, Spanish translation by Juan Calatrava, Editorial Akal,   4th   edition,   2008)*"
(http://www.matematicasvisuales.com/english/html/history/leonardo/stellatedoctahedron.html)

[82]"*De divina proportione (De la proportion divine) est un livre de mathématiques écrit par Luca Pacioli et illustré par Léonard de Vinci aux alentours de 1498 à Milan et publié pour la première fois en 1509.*" (https://fr.wikipedia.org/wiki/De_divina_proportione)

[83]"*La Tétraktys Pythagoricienne est un nombre représenté par 4 chiffres ou valeurs numériques disposés sous la forme d'un triangle équilatéral de côté 4, valeur numérique, que 10 points construisent.*

Sa formule numérique est: 1 + 2 + 3 + 4 = 10.

Le 1 de 2 donne 3 par le 10 quatre fois.

21, donne 3 par le 10 quatre fois

$10 \log 10\ 2^1 = 10*0,3 = 3$ db, quatre fois   *$\log 10\ 2^1 = 0,3$*

$3*4 = 12$ Hz, valeur d'un rayon alpha.

Elle signifie «à quatre rayons», au quadruple éclat rayonnant. Il s'agit d'une lumière rayonnante associée au nombre 4. (le nombre 4 (Tétra) et la lumière rayonnante (Actys)).

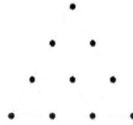

                  •

              •   •

         •   •   •

      •   •   •   •

Les pythagoriciens prêtaient serment «par la Sainte Tétraktys»:

«La Tétraktys en qui se trouve la source et la racine de l'éternelle nature. Tout dérive de la Décade et tout y remonte. Le 10 est l'image de la totalité en mouvement».

La légende dit que les pythagoriciens lui auraient composé et adressé une prière.

«Bénis nous, nombre divin, toi qui as engendré les dieux et les hommes!

O sainte, sainte Tétraktys!

Toi qui contiens la racine et la source du flux éternel de la création!

Car le nombre divin débute par l'unité pure et profonde et atteint ensuite le quatre sacré, ensuite il engendre la mère de tout, qui relie tout, le premier-né, celui qui ne dévie jamais, qui ne se lasse jamais, le Dix sacré, qui détient la clef de toutes choses».

«Tout est nombre».

Le 1 - la monade: unité de l'existence et harmonie générale.

Le 2 - le binaire: la diversité, la division, la séparation.

Le 2 est la dyade (le nombre 2), principe passif et actif, masculin – féminin, faculté génératrice esprit-âme et corps humain d'une part, Divin, d'autre part.

Le 3 - la triade: la loi du ternaire est pour les pythagoriciens la véritable clef de vie.

Nombre par excellence, premier impair qui réuni les propriétés des deux premiers chiffres 1 et 2.

Le 4 - le quaternaire: nombre parfait, racine des autres, nombre ineffable de Dieu.

Le pentagramme, signe du microcosme est un symbole pythagoricien de santé, signe de reconnaissance entre adeptes de la secte."
(http://lerevetu.canalblog.com/archives/2014/12/16/31150572.html)

[84]"*La Tradition, la Grande Tradition ou la Tradition Primordiale, au sens guénonien du terme, c'est-à-dire ce corpus de connaissances et d'expériences dont l'origine lointaine est nonhumaine (peut-être même non-terrestre), enseigne la constitution ternaire (ou tripartite) de l'être humain:*

- Le corps.

- L'âme.

- L'esprit.

Dans ce ternaire, le corps correspond aux éléments physiques et matériels, l'âme aux éléments psychiques et subtils, l'esprit à l'élément spirituel, immatériel et lumineux. Pour facilité l'exposé des expériences spirituelles et les étapes du devenir posthume, mais aussi pour des raisons symboliques que nous développerons par la suite, nous utiliserons les représentations

suivantes:
- Le corps sera représenté par le carré ou le cube (chiffre 4).
- L'âme sera représentée par le triangle ou la pyramide (chiffre 3).
- L'esprit sera représenté par le cercle ou la sphère (chiffre 1), avec parfois un point au centre (chiffre 2)." (http://www.lesconfins.com/cae6.pdf)
[85]Cf. les deux triangles, qui respectivement "*représente*(nt) *les trois anges tutélaires de naissance de l'homme*" et "*les trois dieux intérieurs (nos richesses intérieures)*" (https://www.kristos.fr/logiciels/le-triangle-dor-des-lettres.html).
[86]"*Monsieur, le triangle la base en haut représente la vérité, la véritable science, le spiritualisme, l'essence de tout homme spirituel, car l'esprit tend toujours à s'élever vers son principe. La base de Fhomme spirituel est donc en haut. Le triangle la base en haut représente aussi le cœur de Dieu.*" (*3ème et dernière alliance de Dieu avec sa Créature révélée à son Serviteur Cheneau ou Chaînon Négociant de Mennetout sur Chev. Pour être manifesté aux hommes*, Paris, Imprimerie de Paul Dupont et Comp., Mars 1842, No 475, p. 269)
"*Quant au double triangle, je n'en donnerai pas d'explication: cela sera révélé. Les fleurs qui tombent d'un côté du triangle, les raisins et les épis de blé, qui remontent de l'autre, vont être développés.*
La boule, qui se trouve à gauche du carré, représente l'homme brut, tel qu'il naît sur cette terre.
Le triangle représente l'état spirituel auquel il a le droit de prétendre.
Le carré, au milieu, représente le parfait en Dieu. On ne peut passer de l'état naturel à celui spirituel que par le secours de Dieu." (*Ibid.*, No 477, p. 271)
"*Le triangle peut être représenté par l'intersection de trois droites. Mais pour tracer une figure géométrique quelconque, il faut d'abord commencer par marquer un point. Ce point est l'origine, le principe de la figure. Cela est fondamental car, sans lui, il n'y aurait rien de fait. Le Triangle est ainsi formé par un point de départ et de trois traits, ce qui fait quatre éléments et ce qui montre que le ternaire ouvre la voie au chiffre quatre, le quaternaire, figure mère de la matière et de l'espace. René Guénon précise dans " Symboles de la Science Sacrée " que: «Le quaternaire est représenté géométriquement par le carré, si on l'envisage sous l'aspect "statique", mais, sous l'aspect "dynamique", il l'est par la croix. La dernière, lorsqu'elle tourne autour de son centre, engendre la circonférence, qui, avec le centre, représente le dénaire, lequel est le cycle numérique complet.»*
Plus prosaïquement, le triangle est une figure mère symbolisant les trois dimensions spatiales dans lesquelles nous vivons. Il ne peut rien exister de tangible, de mesurable, de matériel, si les trois dimensions ne sont pas réunies. Chaque élément, pris séparément, est une abstraction qui n'a de manifestation effective qu'à partir du moment où il est associé aux deux autres. Une quatrième dimension s'impose ici, le temps. Car si toute chose est représentée par une dimension, celle-ci évolue dans une durée qui commence et se termine. Rien de matériel n'est éternel.
Ainsi, pour qu'une chose existe réellement, il est indispensable que les trois conditions primordiales, c'est à dire les trois dimensions dans l'espace, soient réunies, plus une quatrième, le temps. Tant qu'elles ne le sont pas, rien n'existe effectivement, il n'y a pas de manifestation matérielle hors d'un continuum temps. Mais dès qu'elles sont réunies et tant qu'elles le sont il y a effectivement manifestation matérielle. Dans la nature, toutes les matières existantes sont exprimées par ce ternaire associé au temps et, tant qu'on ne peut pas dissocier les trois principes de la manifestation dans l'espace, rien ne se crée, rien ne se détruit.

la «Vesica Piscis»
Dans l'antiquité, le triangle, était formé à partir de la «Vesica Piscis» qui est l'intersection de deux cercles de même diamètre dont le centre de chacun fait partie de la circonférence de l'autre. Le nom veut dire littéralement en latin la vessie du poisson. Cette figure est aussi appelée mandorle (de l'italien «mandorla», (amande). C'est une forme d'œil crée par l'intersection de deux cercles identiques, de telle manière que le centre de chacun soit sur le périmètre de l'autre.

Géométriquement, cette figure est impliquée à la base de la construction du pentagone et de l'hexagone, et peut être utilisé pour construire divers polygones. C'est un symbole sacré, et la géométrie qui le représente traduit en fait, des rapports et des proportions qui, pourraient être assimilés aux proportions qu'utilisa le Démiurge, dans la Timée, pour façonner l'âme du monde. Le nom de cette figure en soi, évoque la forme d'un poisson, l'un des premiers symboles du Christ. Cela évoque aussi la graine, l'œil, et le Yoni. De bien des manières, ce symbole représente la manifestation du potentiel, au manifesté. Dans les premières Traditions (connues), l'être Suprême était représenté par un cercle, le symbole d'un être avec ni début, ni fin, existant continuellement, formé parfaitement et intrinsèquement symétrique.

Le «vesica pisces» a été le thème de plusieurs spéculations mystiques, les premières furent probablement celles des Pythagoriciens qui le considérait comme une figure sacrée. Pour eux, le rapport entre la largeur (longueur entre les extrémités du poisson sans la queue) et la hauteur était de 265/153, qui est une très bonne approximation de √3.

Le nombre 153 apparait, par ailleurs, dans l'Évangile selon Jean (22:11) comme étant le nombre de poissons que Jésus attrape lors de la pêche miraculeuse.

Enfin, certains auteurs new âge ont pu interprétés le «vesica piscis» comme étant un «yoni» (du sanskrit: lieu), c'est-à-dire une représentation des organes génitaux féminins[ii]. C'est dire si le triangle peut être plus qu'une figure géométrique." (http://www.rene-guenon.ch/index.php?option=com_content&view=article&id=80:symbolique-du-triangle&catid=61:symbolisme&Itemid=31)

[87]*"Le cercle représente le macrocosmique inconnaissable Esprit de Dieu, le tout (le Plérôme), duquel toute révélation se développe et qui embrasse toute la création. A partir du cercle se déploie le triangle qui représente l'esprit divin sous sa forme de triple révélation du Père, du Fils et de l'Esprit Saint. Puis, à partir de l'Esprit Saint, se développe le ''carré de construction'', incarnation de l'idée divine dans la matière.*

A tous les niveaux – macrocosmique, cosmique ou microcosmique – cercle, triangle et carré forment ensemble un symbole universel de la divine création dans sa manifestation parfaite de l'esprit (cercle), de l'âme (triangle) et du corps (carré). Ainsi, le signe de l'unité du cercle, du triangle et du carré incarne également le symbole de la nature humaine divine qui doit se révéler sur le chemin du Rose-Croix." (https://www.rosycross.org/fr/faq-entry/15-que-represente-le-symbole-cercle-triangle-carre-qui-est-le-sigle-du-lectorium)

[88]*"C'est en fait une solution à un ancien problème architectural concernant les bâtiments face aux proportions de l'homme. D'autres artistes dans le passé ont essayé mais ont échoué à le résoudre. Le diagramme de De Vinci véhicule l'idée que l'homme est le modèle géométrique idéal pour l'architecture.*

L'inspiration de Léonard De Vinci provenait des œuvres classiques sur l'architecture par l'écrivain romain Vitruve. En effet, Vitruve disait:

«Pour qu'un bâtiment soit beau, il doit posséder une symétrie et des proportions parfaites comme celles qu'on trouve dans la nature»

Ainsi est né l'Homme de Vitruve de Léonard de Vinci.

L'idée imaginée par Vitruve était de positionner un homme sur son dos, les bras tendus avec les doigts et les orteils touchant la circonférence du cercle. Le nombril de l'Homme se trouve au centre du cercle, lequel est aussi placé dans un carré.

En observant l'Homme de Vitruve, vous pouvez voir des lignes situées sur certains endroits du corps. Ces lignes représentent les différentes proportions que le corps possède. Par exemple:

Quatre doigts forment une paume,

Six paumes constituent la distance entre le haut du doigt et le coude,

Quatre fois la distance entre le doigt et le coude équivaut à la hauteur de l'homme.

Mais que viennent faire le cercle et le carré dans cette histoire? En fait, ces formes géométriques de la nature étaient considérés comme parfaites pendant la Renaissance. Elles étaient également importantes pour Vitruve. Il pensait que les temples étaient les bâtiments parfaits étant donné leur

72

lien étroit avec Dieu. Un carré formait le sol et le cercle le dôme du temple." (https://www.out-the-box.fr/leonard-de-vinci-le-mysterieux-homme-de-vitruve-explique/)

[89]Jarry, p. 116.

[90]*Ibid.*, p. 118.

[91]"*Le cercle est une forme à la fois simple et complexe. Mais comment les anciens l'on découverte? Peut être tout simplement en observant un caillou qui tombe dans l'eau. Le choc de la surface crée alors une onde formant des cercles concentriques. Les feuilles mortes qui flottent à la surface se soulèvent pour laisser passer l'onde mais elles ne s'écartent pas du centre.*

Nous avons alors un premier concept: Le caillou défini un centre qui est un point et les cercles naissent à partir de ce point.

«Le centre est vu comme l'origine, la création de toute chose, le départ vers le multiple, l'endroit d'où l'esprit va rayonner. Le centre est Dieu. Le cercle est le monde spirituel créé à partir du centre, le ciel, la transcendance, l'éternité, l'Aura de Dieu. Les ronds dans l'eau bougent dans le temps. Le cercle c'est aussi le temps qui passe ou l'éternel recommencement. Les feuilles ne s'éloignent pas mais bougent sur place. Le monde spirituel enveloppe toute chose sans la perturber.»

Puis vient le carré...

Le carré est la forme la plus simple en géométrie et ses propriétés sont évidentes. Construit sur 4 droites, il symbolise l'équilibre et la rationalité.

Le carré intervient dans de nombreuses figures géométriques comme un élément de base nécessaire à la construction de formes complexes.

«Le carré représente la stabilité, l'équilibre et le rationnel. Construit sur 4 piliers, il est solide et ses 4 coins sont associés aux 4 éléments naturels: eau, air, feu, terre. Le carré représente l'univers rationnel qui nous entoure.»

La croix, un élément de liaison

La croix apparaît par l'intersection de 2 droites. Mais c'est aussi cet élément qui aide à la construction géométrique. Elle permet par exemple de relier le cercle au carré mais aussi le point. Tracer une croix est le procédé géométrique élémentaire permettant de faire apparaître un point.

«La croix met en relation le carré, le cercle et le point et donc établie une relation entre notre monde rationnel et Dieu. Elle indique l'orientation mais aussi la liaison entre le monde spirituel (le cercle), l'univers rationnel (le carré) et le point (Dieu). C'est aussi la liaison entre le ciel (le cercle) et la terre (le carré), entre le temps (le cercle) et l'espace (le carré), entre l'homme (le carré) et Dieu (le point). La croix celtique est typiquement un bon exemple d'application mais on trouve aussi cette association dans l'arc de triomphe romain. La croix est associée au chiffre 5 (4 coins du carré et le centre du cercle).»" (http://spiritualite-indo-europeenne.over-blog.com/article-36161550.html)

"*Sur le plan géométrique, l'image de la Croix établit une relation avec quatre autres symboles fondamentaux que sont le point central, le cercle, le carré et le triangle. Par l'intersection de ses deux droites qui coïncide avec le centre, la Croix ouvre le point sur l'extérieur; s'inscrivant dans le cercle, elle le divise en quatre parties. Elle forme un carré et des triangles lorsque ses extrémités sont reliées par quatre ou trois droites.*" (Hrodgar, *Imanuel et Jésus, les Fils de la Résurrection*, Lulu.com, 2019, p. 481)

[92]http://secretsdutarot.blogspot.com/2012/09/limperatrice-arcane-3.html

[93]Jean-Pierre Roirand, *La Symbolique du Tarot*, Lulu.com, 2010, p. 17.

[94]*Ibid.*, p. 19. Comme on le sait, le Tarot dialectise les éléments iconographiques de la Renaissance italienne, qui le créa; ici, le rapport triangle-carré met en jeu le rapport Mercure-Fortune: "*Da un punto di vista iconografico, il tipo Fortuna su una sfera ed Ermes su una roccia cubica ricalca il motto latino Sedes Fortunae rotunda, sedes Virtutis quadrata. In esso Virtus è caratterizzata da un unico attributo: una base quadrata. Una forma angolosa e antidinamica, dalle linee dure,*

ancorata saldamente al terreno, inamovibile, resistente, che assicura la costanza nella ricerca del bene e la fermezza per resistere di fronte agli assalti di Fortuna e alle difficoltà della vita, e che si contrappone direttamente al cerchio e alla sfera, simboli di qualità opposte e complementari (Eius autem sedes cubus est, omnium stabilis permultumque a casu aliena).
Mercurio è accomunato quindi alla Virtus quadrata perché incarna anch'egli qualità salde, in particolare, secondo quanto riferito da Cartari, il parlare veridico:
Galeno lo disegna [Mercurio] che stia sopra una quadrata base: perche chi seguita la virtù si leva di mano alla Fortuna, e col star fermo & saldo non teme di alcuna sua ingiuria. E Suida scrive, che la figura quadra è data à Mercurio per rispetto del parlare veritevole, il qual così stà fermo sempre, e saldo contra chi si sia, come il bugiardo, & mendace tosto si muta, & sovente si volge hor quà, hor là. Ma ò per quello, ò per altro che fosse, riferisce anco Alessandro Napolitano, che i Greci facevano spesso la statoa di Mercurio in forma quadra col capo solo senza alcun altro membro [CARTARI [1556] 1615, pp. 294-295].
Durante il Rinascimento Mercurio fu solo una delle personificazioni che, fisse sul cubo, ingaggiarono battaglia contro Fortuna instabile su una sfera. Nella xilografia con cui il filosofo francese Charles de Bovelles (latinizzato in Carolus Bovillus) illustrò un passo del suo trattato De sapiente (Parigi, 1510) Fortuna e Sapientia sono sedute una di fronte all'altra: a destra, sotto il medaglione dell'uomo saggio (sapiens), Sapienza sostiene tra le mani uno specchio, simbolo della prudenza e siede su un cubo con l'iscrizione Sedes Virtutis quadrata, appoggiando i piedi su un comodo cuscino; a sinistra, sotto il medaglione dello sciocco (insipiens), Fortuna con gli occhi bendati siede su una instabile sfera con la scritta Sedes Fortunae rotunda, sostenendo una ruota e appoggiando i piedi su un piedistallo triangolare che oscilla malfermo attorno ad un fulcro anch'esso triangolare.
Nel 1556, anche Pierio Valeriano scrisse nei Hieroglyphica che gli antichi, mentre rappresentarono il Caso sopra una pietra sferica, posero la Saggezza su una pietra quadrata:
Veluti vero Fortunam rotundo lapidi insidentem pingere veteres instituerunt, ita Sapientiam in quadrato statuebant: ex hoc hieroglyphico volubilem illam, uti paulo ante diximus, huius vero sedem firmam & inconcussam indicantes (Sapientia, Liber XXXIX, p. 290)." (Sara Agnoletto, "Hermes versus Fortuna
Un percorso interpretativo sul tema della fortuna nel Rinascimento", 2012, http://www.engramma.it/eOS/index.php?id_articolo=1111)
[95]Barbe, "Introduction à l'étude des "Tentations de Saint Antoine"".
[96]https://en.wikipedia.org/wiki/The_Temptation_of_St_Anthony_(Schongauer)
[97]"Selon Rex Weyler, journaliste et cofondateur de Greenpeace International en 1979, le symbole («☮») a été inventé par le graphiste britannique Gerald Holtom lors d'une manifestation de la CND en 1958 contre une usine d'armement nucléaire. On peut y lire, en alphabet sémaphore (utilisé dans la marine britannique), un N et un D qui sont les initiales de nuclear disarmament («désarmement nucléaire»)." (https://fr.wikipedia.org/wiki/Peace_and_love#Symbole)
[98]"The Shield of the Trinity or Scutum Fidei (Latin for "shield of faith") is a traditional Christian visual symbol which expresses many aspects of the doctrine of the Trinity, summarizing the first part of the Athanasian Creed in a compact diagram. In late medieval Europe, this emblem was considered to be the heraldic arms of God (and of the Trinity)." (https://en.wikipedia.org/wiki/Shield_of_the_Trinity)
[99]Jarry, p. 118.
[100]Cf., en cela, les travaux de la Gestalt, et, en particulier l'ouvrage de Georges Poulet, Les Métamorphoses du cercle, Paris, Flammarion, 1961.
[101]Jarry, p. 114.
[102]Ibid., p. 116.
[103]"L'histoire du Tarot égyptien est remplie de sombres légendes, d'intrigues et de superstitions. Il semble qu'il ait été découvert en 1781. Le Français Court de Gébelin a écrit que ce jeu de tarot est une sorte de livre contenant la sagesse antique de l'Egypte. L'idée selon laquelle une

74

connaissance occulte ait été cryptée dans leur lecture agita l'intérêt et la curiosité de tout le monde, en particulier de l'élite à la recherche de nouveaux divertissements de salon dans la cour du roi.

L'une des premières versions de ce jeu de tarot fut produite en France en 1789. Conçue par un astrologue français Alliette, plus connu sous le pseudonyme Etteilla, qui nomma son jeu de cartes «Le Livre de Thot». Une version de ce jeu est toujours produite de nos jours et appelée «Le Grand Etteilla», également connue comme «Le Tarot égyptien»." (https://blog.spiriteo.com/articles/quest-ce-que-le-tarot-egyptien/)

[104]https://gallica.bnf.fr/ark:/12148/btv1b10520841s.item

[105]https://gallica.bnf.fr/ark:/12148/btv1b105431874.item#

[106]"*A l'endroit, le Conseil de l'Arcane: La Fidélité, le bon Génie... La complicité de la présence du bon Génie, l'Esprit de la nature, l'Energie vitale qui circule dans la terre et nourrit les plantes, indiquent que la situation est orientée vers l'amélioration et la décision. Le sort récompense toujours par une pluie de bonheur et de chance ceux qui ont su employer généreusement et dans un but altruiste leurs propres qualités. Cet Arcane peut annoncer une promenade, une excursion ou encore des plaisirs et du bien-être liés à la campagne: saisissez cette occasion pour vous ressourcer en vous asseyant par exemple contre un arbre ou en marchand dans l'herbe pieds nus. Des discours, des conférences et des discussions amicales, riches en idées intéressantes. Cette lame désigne en général une personne tendre, dévouée, affectueuse, sensible à la tendresse et au plaisir...*
A l'envers, le Conseil de l'Arcane: La Lune, Isis... Isis – Lune – Eau – Fécondité: cette association sympathique est d'ailleurs confirmée aujourd'hui par la science qui a mis en évidence l'influence des phases lunaires sur les hormones féminines, sur les cycles reproductifs, sur les marées et sur les cultures. L'Arcane renversé se réfère à tout ce qui est humide: lacs, étangs, fleuves, torrents, pluie et, en présence de cartes maléfiques, inondations. La famille d'origine, par analogie avec la mère et donc encore avec la Lune, pourra vous fournir un appui précieux contre les difficultés qui vous submergent et votre envie irrationnel de tout lâcher. Ne vous laissez pas influencer par de mauvaises propositions et résistez aux intempéries, aux calomnies, à la luxure, aux médisances. Une trahison est annoncée..." (http://www.croix-de-lumiere.com/php/tarot_egyptien/tarot_arcane_03.php)

[107]http://www.blancatarotmadrid.com/html/04-historia-tarot/04-historia-tarot-51-antoine-court-gebelin.html

[108]http://www.blancatarotmadrid.com/html/04-historia-tarot/04-historia-tarot-52-etteilla.html

[109]"*Être treize à table*" Il s'agit d'une expression biblique, qui provient d'un passage où Jésus-Christ est à table avec ses douze apôtres. Il était le plus jeune de la tablée et finit par mourir. Le fait d'être treize à table est désormais signe de mauvais augure." (http://www.linternaute.fr/expression/langue-francaise/16500/etre-treize-a-table/)

[110]http://www.don-et-compassion.com/arcane-3-du-tarot-esprit-saint-mere-divine-kundalini.html

[111]*Description de la Lame*
Dans la partie centrale apparaît une femme couronnée de douze étoiles (1 + 2 = 3), qui représentent les douze signes zodiacaux, les douze portes de la cité sainte, les douze clés de Basile Valentin, les douze mondes du système solaire d'Ors. Sur sa tête, une coupe, sur laquelle se dresse un serpent, symbole de la Maîtrise, qui est élevé. Elle a dans sa main droite le bâton de pouvoir, et elle tente avec sa main gauche d'atteindre la colombe, qui représente l'Esprit-Saint. Son vêtement est solaire, tout indique que c'est l'âme christifiée, produit des Arcanes 1 et 2. Elle est assise sur la pierre cubique déjà parfaitement travaillée.
Dans les eaux de la vie, on voit la lune sous ses pieds, ce qui indique qu'il faut la piétiner pour la convertir en soleil.

Signification Ésotérique de l'Arcane

Le 3 est l'Impératrice, la lumière divine, la lumière en elle-même, la Mère divine. Elle correspond depuis le premier jour de la création à cette partie de la Genèse qui dit: «Dieu dit: Que la lumière soit, et la lumière fut».

C'est également le nombre du Troisième Logos, qui domine dans toute forme de création; c'est le rythme du Créateur.

La Mère céleste, dans le domaine matériel, signifie production matérielle, et de même, dans le champ spirituel, elle signifie production spirituelle.

En faisant une analyse plus profonde, on découvre un aspect très intéressant. Le nombre 1, c'est le Père qui est en secret, la Monade, et de Lui naît la Mère divine Kundalini, la Duade; celle-ci se divise à son tour en le nombre 3 qui est Père, Mère et Fils, celui-ci étant l'esprit divin et immortel dans chaque être vivant, et les trois, Osiris le Père, Isis la Mère et Horus le Fils, en viennent à constituer ce que le livre sacré des Mayas, le Popol Vuh, appelle le «cœur du ciel».

Le Fils se scinde à son tour en l'âme animique que chacun porte en son intérieur.

Le Zohar, le livre hébreu le plus ancien, fondement de la Kabbale et de l'Ancien Testament, insiste sur les trois éléments-principes qui composent le monde. Ces éléments sont:

ש Schin en Kabbale signifie feu,

מ Mem signifie eau,

א Aleph signifie air.

On trouve dans ces trois éléments principaux la synthèse parfaite de tout ce qui est, des quatre éléments manifestés.

Le serpent ou Logos sauveur inspire l'homme afin qu'il reconnaisse son identité avec le Logos et qu'il retourne ainsi à sa propre Essence, qui est ce Logos.

Le puissant mantra I.A.O. résume le pouvoir magique du triangle des éléments-principes:

I Ignis Feu,

A Aqua Eau,

O Origo Principe, Esprit, air.

Ces mantras ne peuvent être absents dans aucune école de mystères.

Nous voyons de mieux en mieux l'ésotérisme du Saint-Trois. I.A.O. est le mantra fondamental du Maïthuna, et c'est dans la Neuvième Sphère qu'il doit résonner; celui qui veut faire monter l'âme du monde par le canal médullaire doit travailler avec le soufre (le feu), le mercure (l'eau) et le sel (la terre philosophique).

Ce sont là les trois éléments, les trois principes pour travailler dans la Forge ardente de Vulcain. Dans le manuscrit Azoth de Basile Valentin se trouve le secret du Grand-Œuvre. Les douze clés secrètes sont l'énergie sexuelle du Logos lorsque la rose de l'Esprit fleurit sur la croix de notre corps.

Les trois éléments principaux sont les trois lettres hébraïques qui correspondent aux trois éléments-principes dans le Grand-Œuvre de la nature; c'est ainsi que nous fabriquons l'or vivant. Celui qui ne fabrique pas l'or spirituel n'est pas un ésotériste. Il faut descendre à la Neuvième Sphère et le fabriquer dans la Forge ardente de Vulcain.

Le kabbaliste-alchimiste doit apprendre à utiliser le soufre, le mercure et le sel.

En utilisant du soufre dans nos chaussures, on détruit les larves du corps astral, les incubes et les succubes qui sont fabriqués par des images érotiques. Elles sont transparentes comme l'air et absorbent la vitalité de l'Être. Par les films morbides projetés dans les cinémas, ces antres de magie noire, elles adhèrent à nous, et il faut donc avoir des cristaux de soufre dans les chaussures pour détruire les larves. En brûlant du soufre sur des braises de charbon, on désintègre les formes malignes de la pensée et les larves que renferme une maison.

Le mercure sert à préparer l'eau lustrale. Au fond d'un récipient de cuivre (qui ne soit pas une poêle à frire) rempli d'eau, on met du mercure et un miroir. Cela sert à éveiller la clairvoyance. Nostradamus faisait ses prédictions à l'aide du cuivre et du mercure.

Le sel possède ses vertus. Pour invoquer les Maîtres de la médecine, Adonaï, Hippocrate, Galien, Paracelse, quand on a besoin de guérir un malade, on mélange dans un récipient du sel avec de l'alcool, et ensuite on y met le feu.

Le Ternaire, le nombre 3, est très important. C'est la Parole, la plénitude, la fécondité, la nature, la génération des trois mondes.

L'Arcane 3 de la Kabbale est cette femme vêtue de soleil qui a la Lune à ses pieds et est couronnée de douze étoiles. Le symbole de la Reine du ciel est l'Impératrice du Tarot. Une mystérieuse femme couronnée, assise avec le sceptre de pouvoir au bout duquel apparaît le globe du monde. C'est l'Uranie-Vénus des Grecs, l'âme christifiée, la Mère céleste.

La Mère divine, l'Arcane 3, est la Mère particulière de chacun de nous, elle est la Mère de notre Être qui doit piétiner la Lune, l'Égo lunaire, pour que resplendissent sur sa tête les douze étoiles, les douze facultés.

Pour créer, il faut trois forces primaires qui viennent d'en haut, du Père, et qui existent dans toute la création:

Positive

Négative

Neutre.

L'homme est l'Arcane 1 du Tarot, la force positive; la femme est l'Arcane 2, la force négative; et l'âme christifiée est le résultat de l'union sexuelle des deux. Le secret, c'est l'Arcane AZF, qui transforme la Lune en Soleil et qui présente trois aspects: positif, négatif et neutre."
(https://gnosticpublishing.org/samael-aun-weor/livres-de-samael-aun-weor/tarot-et-kabbale/15140/arcane-3-limperatrice/)

"Rappelez-vous que le Sepher Yetzirah décrit de façon merveilleuse toutes les splendeurs du monde et le jeu extraordinaire des Sephiroth, en Dieu et dans l'homme, par les trente-deux sentiers de la Sagesse.

Dans le mystère du sexe est cachée toute la science des Sephiroth.

L'âme a trois aspects: d'abord, Nephesh, l'âme animale. Ensuite, Ruach, l'âme pensante, et enfin, Neshamah, l'âme spirituelle.

Le substratum de ces trois aspects de l'âme est constitué par les Sephiroth. Ceux-ci sont atomiques.

L'Arcane 3, le troisième arcane des 22 Arcanes Majeurs du Tarot, est la symbiose occulte, indivisible et parfaite de l'Unité (3=1+1+1 et 2=1+1) nde.

Le Zohar insiste sur les Trois Eléments Principaux (ou éléments principes) qui composent le monde. Ces éléments sont: le Feu (Schin), l'Eau (Mem), l'Air (Aleph). Ces éléments sont la parfaite synthèse des quatre éléments manifestés.

Le puissant mantra IAO résume le pouvoir magique du triangle des trois éléments principaux: I (Ignis), Feu; A (Aqua), Eau; O (Origo), Principe, Esprit.

IAO est le suprême mantra de l'Arcane AZF.

L'Arcane 3 du tarot symbolise la transmutation sexuelle des trois éléments principaux dont IAO est le suprême mantra du Grand Oeuvre, la Pierre Philosophale, de l'Alchimie sexuelle nde.

Celui qui veut faire monter l'âme du monde par le canal médullaire, doit travailler avec le Soufre (feu), avec le Mercure (eau), et avec le Sel (terre philosophique).

C'est ainsi seulement que l'on «naît en Esprit et en Vérité».

Dans l'Arcane AZF se trouvent les Douze Clés secrètes du bénédictin d'Erfurt, Basile Valentin.

Tout le secret du Grand-Œuvre est renfermé dans ce manuscrit de l'Azoth de Valentin. L'Azoth est le principe créateur sexuel de la Nature. Lorsque la Rose de l'Esprit fleurit dans la Croix de notre corps, le Grand-Œuvre est réalisé.

Sur l'Arcane 3 du tarot, on aperçoit l'Esprit Saint dont l'Esprit de Dieu a fécondé les eaux du Chaos, car l'Impératrice assise sur la pierre cubique de Jesod montre qu'elle a déjà réalisé le Grand Oeuvre nde.

Les trois éléments principaux sont les trois lettres Mères de l'alphabet hébraïque.

77

Lorsqu'on pratique avec l'Arcane AZF, on travaille avec les trois Eléments Principaux.

A l'intérieur du grand laboratoire de la Nature (le laboratoire du Troisième Logos nde), lorsqu'on pratique cet Arcane AZF, on travaille avec le Mercure, le Soufre et le Sel.

Et ainsi, on transmute le plomb de la personnalité en l'Or pur de l'Esprit.

Nous élaborons au-dedans de nous-mêmes l'Enfant d'Or de l'Alchimie.

Les trois éléments principaux se rendent manifestes dans les quatre éléments de la Nature (les tattvas nde). Il y a la chaleur du Feu et de l'Air, l'humidité de l'Air et de l'Eau et la sécheresse du Feu et de la Terre.

Ce sont les trois éléments principaux et l'IAO.

Et ce sont aussi le Soufre, le Mercure et le Sel contenus dans les quatre éléments de la Nature.

Les Paradis élémentaux de la Nature (voir les quatres élémentaux de la nature nde) se trouvent dans ces trois éléments principaux.

Le kabbaliste alchimiste doit apprendre à se servir du Soufre, du Mercure et du Sel.

En mettant de la Fleur de Soufre (c'est une poudre jaune nde) dans nos chaussures, les larves du corps astral (incubes, succubes, basilics, dragons, fantasmes, etc.) se désintègrent. Les vapeurs invisibles qui se dégagent du Soufre, s'élèvent pour désintégrer ces larves.

En faisant brûler du Soufre sur des charbons ardents, on désintègre les formes malignes de la pensée et les larves enfermées dans une chambre quelconque.

Le vif-argent (Mercure) sert à préparer l'eau lustrale. Le grand astronome Nostradamus passait des nuits entières penché sur un récipient de cuivre rempli d'eau.

Ce grand voyant regardait les eaux et voyait en elles les événements futurs qu'il a transcrits dans ses fameuses prophéties. Or, si on ajoute à cette eau du vif-argent et si on place un miroir au fond du récipient, on aura un claritéléidoscope merveilleux.

Nous conseillons d'utiliser n'importe quel récipient de cuivre à l'exception de la casserole ou marmite: la poêle de cuivre est le symbole de la Magie Noire. Le cuivre se trouve en relation intime avec la glande pituitaire, et il a le pouvoir d'éveiller la clairvoyance.

* Le sel aussi a de nombreux usages dans la Magie Blanche. On doit combiner le sel avec de l'alcool.

Si on met dans un récipient cette solution d'alcool et de sel et qu'on y met ensuite le feu, on obtient une fumigation merveilleuse.

On ne doit utiliser ceci que pour invoquer les Dieux de la Médecine lorsqu'on a besoin de guérir quelque malade.

Les Dieux accourent alors à l'appel.

Le Soufre (feu) brûle totalement, sans laisser de résidu. Le Soufre est le Schin du Zohar.

L'eau est le Mem du Zohar (l'Ens-Seminis). Le Feu et l'Eau, par le moyen de transmutations successives (les transmutations tattviques nde), sont réduits à l'Aleph kabbalistique, que les alchimistes nomment Alkaest.

C'est ainsi qu'est réalisé l'IAO, et ainsi que s'épanouissent les Douze Facultés de l'Âme.

L'âme se Christifie, Kundalini fleurit entre nos lèvres fécondes, en se faisant Verbe.

Le Ternaire est la Parole, la Plénitude, la Fécondité, la Nature, la Génération des Trois Mondes.

L'Arcane 3 de la Kabbale est cette Femme vêtue de Soleil, la Lune à ses pieds et couronnée de Douze Etoiles.

Le symbole de la Reine du Ciel est l'Impératrice du Tarot.

Une mystérieuse Femme couronnée, assise, tenant le Sceptre de l'autorité, à l'extrémité duquel apparaît le globe du monde.

C'est l'Uranie-Vénus des Grecs, l'Âme Christifiée.

L'homme est l'Arcane I du Tarot (Arcane 1 du tarot).

La femme est l'Arcane II (Arcane 2 du tarot).

L'Âme Christifiée est le résultat de leur union sexuelle (le secret est l'Arcane AZF)(la Magie sexuelle est le secret du Grand Arcane nde).

La Femme est la Mère du Verbe.

Le Christ est toujours et partout Fils (le fils de l'homme nde) d'Immaculées Conceptions.
Il est impossible de naître sans mère (il est impossible de naître sans Amour nde).
L'Arcane 3 du Tarot, l'Impératrice, symbolise l'Esprit Saint et la Mère divine Kundalini particulière de tout être humain qui s'éveille à l'Amour en empruntant le chemin du Sentier de l'Initiation nde.
* Lorsqu'un Initié est sur le point d'incarner le Verbe, dans les Mondes Supérieurs, sa femme apparaît enceinte et elle souffre les douleurs de l'enfantement.
Jésus sur la Croix a dit à sa Mère, en lui indiquant l'apôtre Jean: «Femme, voici ton Fils». Il dit ensuite au disciple: «Voici ta Mère». Et à partir de cette heure, le disciple la prit chez lui.
Le nom de Jean (ou Johan), si on le décompose, est IEOUAN, le Verbe (le Dragon de Sagesse). Elle est réellement la Mère du Verbe. Et la Femme officie à l'autel de la bienheureuse Déesse Mère du Monde (la Mère cosmique nde).
L'Arcane 3 du Tarot, cette Impératrice couronnée, est réellement l'Epouse de l'Esprit Saint qui s'exprime en disant: «Ô divine épouse, Ô divine bien aimée, Ô mon épouse adorée!». Ainsi dans l'Initiation, l'homme et la femme s'adorent dans les enchantements de l'Amour nde.
 # Maintenant, mes frères, priez beaucoup votre Divine Mère Kundalini, de qui votre femme est la Vénérable Prêtresse.
Priez et méditez (apprenez comment méditer précisément nde), de cette manière:

Arcane 3: Invocation
«Ô Isis, Mère du Cosmos, racine de l'Amour, Tronc, Bourgeon, Feuille, Fleur et Semence de tout ce qui existe. Force naturante, nous te conjurons, nous faisons appel à la Reine de l'Espace et de la nuit, et en baisant tes yeux amoureux, en buvant la rosée de tes lèvres, en respirant le doux arôme de ton corps, nous nous écrions: Ô Nut, toi, éternelle Séité du Ciel, qui es l'âme primordiale, qui es ce qui a été, et ce qui sera, et de qui aucun mortel n'a levé le voile, toi qui es sous les étoiles irradiantes du nocturne et profond ciel du désert, avec pureté de cœur et dans la flamme du Serpent nous t'appelons».
Priez et méditez intensément (la méditation profonde est le pain quotidien du sage nde).
La Divine Mère enseigne à ses enfants.
On doit faire cette oraison en combinant la méditation et le demi-sommeil.
Alors comme dans une vision de rêve, surgit l'Illumination.
La Divine Mère va au dévot pour l'instruire dans les grands mystères." (http://www.don-et-compassion.com/arcane-3-du-tarot-mere-ame-arcane-azf.html)

[112]"*Ce tableau représente la lune et les animaux terrestres. On a choisi le loup et le chien, pour désigner les animaux sauvages et domestiques, en outre, parce qu'à l'aspect de l'astre de la nuit, ils poussent des hurlements, comme s'ils regrettaient le jour. Ce sujet allégorique annoncerait sans doute de grands malheurs, si l'on n'apercevait point le ligne du tropique c'est-à-dire du départ et du retour du soleil, qui laisse l'espoir consolant d'un beau jour et d'une meilleure fortune. Cependant les deux tours ou forteresses qui défendent un chemin tracé par le sang et coupé par un marais que l'on découvre dans le fond du tableau, offrent toujours des obstacles sans nombre à surmonter. Le sept de pique désigne le même sujet. Ce tableau n'annoncerait que des choses sinistres, s'il n'était point précédé d'un tableau plus favorable.*" (Le Petit Oracle des Dames ou Récréation des curieux, Contenant 72 figures coloriées, formant le jeu complet de 52 cartes, avec la manière de tirer les cartes, tant avec ce jeu, qu'avec les cartes ordinaires, Paris, Chez la Veuve Gueffier, 1807, pp. 10-11)

[113]https://fr.wikipedia.org/wiki/Plafond_de_la_chapelle_Sixtine#La_cr%C3%A9ation

[114]https://images.nga.gov/en/search/do_quick_search.html?q=Tarocchi

[115]http://www.levity.com/alchemy/mantegna.html

[116]https://www.predictionsvoyance-avenir.fr/cartomancie-apprentissage-gratuit/grand-etteila/trois-ecus-carte-75

[117]"*N° 7.*

79

La force majeure, entreprise:
Ce tableau est le dernier de la première série; On y voit Typhon ou l'Esprit Méchant qui vient corrompre l'innocence de l'homme primitif, et terminer l'âge. Sa queue, ses cornes, ses longues oreilles, signes d'ignorance, annoncent un être dégradé, avili. Son bras gauche levé, son coude ployé, formant une N, symbole des êtres produits, nous le fait connaître comme ayant été créé; mais le flambeau de Prométhée qu'il tient de la main droite, paraît compléter la lettre M, qui exprime la génération. L'histoire nous donne elle-même cette explication, en nous apprenant que Typhon, ayant privé Osiris des attributs de la virilité, voulut s'en approprier la puissance créatrice. Il ne créa que les maux qui fondirent sur la terre.
Les deux êtres enchaînés à ses pieds sont l'emblème de la nature humaine corrompue et soumise; leurs ongles crochus désignent leur cruauté. Un de ces êtres, pour devenir semblable à l'esprit méchant, touche de sa griffe la caisse de Typhon, emblème de la génération charnelle; il la touche avec sa griffe gauche, pour en marquer l'illégitimité.
Ce tableau annonce de grandes entreprises dans les affaires d'intérêt. Si la Prudence et la Justice précèdent présage le succès. Le neuf de carreau offre le même sujet." (*Le Petit Oracle des Dames*, pp. 16-18)

[118]*Isis ou l'initiation maçonnique par le Dr. Berchtold-Baupré, philathète*, Fribourg, Imprimerie Marchand et Comp, 1859, p. 135 et note 1 pp. 135-136.

[119]R. Merlin, "*Nouvelles recherches sur l'origine des cartes à jouer*", Revue archéologique, XVIème Année, 1ère Partie Avril 1859 à Septembre 1859, Paris, A. Leleux, 1859, pp. 307-309.

[120]Éliphas Lévi, *La clef des grands mystères suivant Hénoch, Abraham, Hermès Trismégiste, et Salomon*, Paris, Germer Baillière, Londres, Hippolyte Baillière, et New York, Baillière Brothers, 1861, pp. 321-324.

[121]A. Constant, "*De la Kabbale Considérée comme la source de tous les Dogmes*", La Revue philosophique et religieuse, Paris, Bureaux de la Revue, 1855, T. III, pp. 24-26.

[122]Jarry, p. 114.

[123]*Ibid.*, p. 116.

[124]*Ibid.*, p. 115.

[125]"*Voici ce qu'en dit le n° 11 des CPP: JACQUETTE DE CÉSAR-ANTECHRIST.*
L'édition originale était présentée sous cette jaquette en deux couleurs (bleu et rouge) reproduisant un bois de l'Ymagier: une des Bêtes de l'Apocalypse (n° 4) V. Catal. p. 69, n° 195, où l'on qualifie cette jaquette de prospectus.
Publié dans L'Ymagier, n° IV, page 243. (Cliché G.B.)."
(http://alfredjarry.fr/amisjarry/fichiers_ea/etoile_absinthe_047_48reduit.pdf, p. 5)

[126]https://fr.wikipedia.org/wiki/Alfred_Jarry#Ouvrages_publi%C3%A9s_de_son_vivant

[127]Cf. notre ouvrage sur Andrea Mantegna.

[128] *Hexastichon Sebastiani Brant in memorabiles euangelistar figuras*, Pforzheim, Thomas Anshelmus of Baden, 1502, s/n (pp. 31-32).

[129]https://www.cursodetarot.es/arcanos-mayores/el-mundo/

[130]Éliphas Lévi, *Dogme et rituel de la haute magie*, Paris, Germer Baillière, Londres, Hippolyte Baillière, et New York, Baillière Brothers, 1856, T. II *Rituel*, pp. 127-129.

[131]*Ibid.*, 1861, p. 69.

[132] *Ibid.*, pp. 68-69.

[133]"*Et Éros étant fils d'Aphrodite, ses armes héréditaires furent ostentatrices de la femme. Et contradictoirement l'Égypte érigea ses stèles et obélisques perpendiculaires à l'horizon crucifère et se distinguant par le signe Plus, qui est mâle. La juxtaposition des deux signes, du binaire et du ternaire, donne la figure de la lettre H, qui est Chronos, père du Temps ou de la Vie, et ainsi comprennent les hommes. Pour le Géomètre, ces deux signes s'annulent ou se fécondent, et subsiste seul leur fruit, qui devient l'œuf ou le zéro, identiques à plus forte raison, puisque le sont les contraire. Et de la dispute du signe Plus et du signe Moins, le R. P. Ubu, de la Cie de Jésus,*

ancien roi de Pologne, a fait un grand livre qui a pour titre César-Antechrist, où se trouve la seule démonstration pratique, par l'engin mécanique dit bâton à physique, de l'identité des contraires.

MATHETÈS
Cela est-il possible, ô Ibicrate?

IBICRATE
Tout à fait donc véritablement. Et la troisième figure abstraite des tarots, selon Sophrotatos l'Arménien, est ce que nous appelons le trèfle, qui est le Saint-Esprit en ses quatre angles, les deux ailes, la queue et la tête de l'Oiseau, ou renversé Lucifer debout cornu avec son ventre et ses deux ailes, pareil à la seiche officinale, cela principalement du moins quand on supprime de sa figure toutes les lignes négatives, c'est-à-dire horizontales; - ou, en troisième lieu, le tau ou la croix, emblème de la religion de charité et d'amour; - ou le phallus enfin, qui est dactyliquement à la vérité triple, ô Mathetès.

MATHETÈS
Donc en quelque sorte en nos temples actuellement, l'amour serait Dieu encore, quoique, j'en conviens, sous des formes absconses quelque peu, ô Ibicrate?

IBICRATE
Le tétragone de Sophrotatos, se contemplant soi-même, inscrit en soi-même un autre tétragone, qui est égal à sa moitié, et le mal est symétrique et nécessaire reflet du bien, qui sont uniment deux idées, ou l'idée du nombre deux; bien par conséquent jusqu'à un certain point, je crois, ou indifférent tout au moins, ô Mathetès. Le tétragone par l'intuition intérieure, hermaphrodite engendre Dieu et le mauvais, hermaphrodite aussi parturition..." (Jarry, pp. 115-117)

[134]https://fr.wikipedia.org/wiki/La_L%C3%A9gende_de_la_Vraie_Croix#Le_r%C3%A9cit_dan s_La_L%C3%A9gende_dor%C3%A9e
[135]https://fr.wikipedia.org/wiki/La_L%C3%A9gende_de_la_Vraie_Croix
[136]https://commons.wikimedia.org/wiki/File:Mengs,_Christus_am_Kreuz.jpg
[137]https://es.wikipedia.org/wiki/Archivo:Mengs,_Gei%C3%9Felung_Christi.jpg
[138]"*[...] Il existait plusieurs types de crucifiement. Les condamnés pouvaient être empalés ou pendus à un poteau de bois; en cas d'exécution en masse, on fixait des poutres sur un échafaudage de planches de bois. Les suppliciés étaient liés et cloués avec leurs mains étendues au-dessus de la tête; ils étaient parfois crucifiés la tête en bas. Lorsqu'ils étaient crucifiés en position debout, la poutre était fixée sur le haut du poteau formant un T, ou bien plus bas, formant une croix classique. Les pieds des condamnés crucifiés ne s'élevaient pas à plus de 30 cm du sol [...] Parfois une petite barre de bois était fixée sur le poteau pour que le crucifié puisse s'y asseoir et mieux respirer [...] En 1968 (une découverte d'ossements) suggère que [les] pieds étaient cloués de chaque côté du poteau vertical.*"
Extrait de "Le grand livre de la Bible" John Bowker Larousse-Bordas / Cerf 1999

"*[...] Les croix, contrairement à ce que l'on pense d'ordinaire, sont assez basses. Elles émergent à peine d'une foule disparate où se mêlent badauds et adversaires acharnés, pèlerins arrivant de la côte (le Golgotha est au bord de la route qui y mène) et une poignée de fidèles. Des femmes seulement semblent avoir eu ce courage. Aucun des textes ne cite un seul disciple. Sauf Jean, lequel indique la présence de " celui que Jésus aimait " et de Marie, mère de Jésus.*"
Extraits de "Jésus" Jacques Duquesne Ed. Flammarion / Desclée de Brouwer 1994"
(http://www.ac-emmerich.fr/FORME%20DE%20LA%20CROIX.htm)
[139]Margarita Perera Rodríguez, "*De vuelta a Portlligat*", dans María Jesús Díaz, *Dalí*, Madrid, Tikal, p. 233, citée par https://fr.wikipedia.org/wiki/Corpus_hypercubus#cite_ref-3

[140]"*Le thème iconographique du suppedaneum est traditionnellement représenté sur le Christ en croix avec quatre clous (crucifié quadriclave: un clou dans chaque main et un dans chaque pied attaché au suppedaneum) dans les premiers temps de l'église. Les quatre clous commencent à s'effacer progressivement au bénéfice des représentations à trois clous (crucifié triclave (en): un clou dans chaque main, pieds superposés et attachés par un seul clou sur le stipes) à partir de 1150, cette nouveauté iconographique devenant prédominante au xive siècle, cette nouvelle iconographie se traduisant également par la disparition du suppedaneum, par l'accentuation de la cambrure du Christ et l'écoulement du sang.*
Cela n'empêche pas lors des siècles suivants des peintres comme Charles Le Brun de figurer le suppedaneum ou les quatre clous dans leurs œuvres. Cette liberté artistique s'inscrit dans le débat qui anime les théologiens sur ce sujet, les récits des évangiles sur la Crucifixion ne mentionnant ni le suppedaneum, ni le nombre de clous. Un des spécialistes de Giotto, Giovanni Previtali, crédite, à tort, l'artiste de l'innovation des trois clous avec le suppedaneum." (https://fr.wikipedia.org/wiki/Suppedaneum#Iconographie_chr%C3%A9tienne)

[141]"*The equation of a line through the origin (0, 0) may be written $nx + my = 0$ where n and m are not both 0. In parametric form this can be written $x = mt$, $y = -nt$. Let $Z = 1/t$, so the coordinates of a point on the line may be written (m/Z, -n/Z). In homogeneous coordinates this becomes (m, -n, Z). In the limit, as t approaches infinity, in other words, as the point moves away from the origin, Z approaches 0 and the homogeneous coordinates of the point become (m, -n, 0). Thus we define (m, -n, 0) as the homogeneous coordinates of the point at infinity corresponding to the direction of the line $nx + my = 0$. As any line of the Euclidean plane is parallel to a line passing through the origin, and since parallel lines have the same point at infinity, the infinite point on every line of the Euclidean plane has been given homogeneous coordinates.*

To summarize:
Any point in the projective plane is represented by a triple (X, Y, Z), called the homogeneous coordinates or projective coordinates of the point, where X, Y and Z are not all 0.
The point represented by a given set of homogeneous coordinates is unchanged if the coordinates are multiplied by a common factor.
Conversely, two sets of homogeneous coordinates represent the same point if and only if one is obtained from the other by multiplying all the coordinates by the same non-zero constant.
When Z is not 0 the point represented is the point (X/Z, Y/Z) in the Euclidean plane.
When Z is 0 the point represented is a point at infinity.
Note that the triple (0, 0, 0) is omitted and does not represent any point. The origin is represented by (0, 0, 1)." (https://en.wikipedia.org/wiki/Homogeneous_coordinates#Introduction)

[142]*Ibid.*

[143]Cf. par ex. la page de recherche: https://www.google.com/search?rlz=1C1CHBD_esNI853NI853&ei=qHiwXYYLOBM2G5wKEw o7YDA&q=%22homogeneous+coordinates%22+%22elliptic+curve%22&oq=%22homogeneous +coordinates%22+%22elliptic+curve%22&gs_l=psy-ab.3...360849.376297..376638...3.0..1.367.3560.4j23j1j1......0....1..gws-wiz.......0i7i30j0i67j0j0i22i30j0i8i7i30j0i7i5i30.1_ypqIhKg88&ved=0ahUKEwiCwsro37LlAhV Nw1kKHQShA8sQ4dUDCAs&uact=5

[144]https://en.wikipedia.org/wiki/Homogeneous_coordinates

[145]"*Bézout's theorem predicts that the number of points of intersection of two curves is equal to the product of their degrees (assuming an algebraically closed field and with certain conventions followed for counting intersection multiplicities). Bézout's theorem predicts there is one point of intersection of two lines and in general this is true, but when the lines are parallel the point of intersection is infinite. Homogeneous coordinates are used to locate the point of intersection in this case. Similarly, Bézout's theorem predicts that a line will intersect a conic at two points, but in some cases one or both of the points is infinite and homogeneous coordinates must be used to*

locate them. For example, $y = x^2$ and $x = 0$ have only one point of intersection in the finite (affine) plane. To find the other point of intersection, convert the equations into homogeneous form, $yz = x^2$ and $x = 0$. This produces $x = yz = 0$ and, assuming not all of x, y and z are 0, the solutions are $x = y = 0$, $z \neq 0$ and $x = z = 0$, $y \neq 0$. This first solution is the point $(0, 0)$ in Cartesian coordinates, the finite point of intersection. The second solution gives the homogeneous coordinates $(0, 1, 0)$ which corresponds to the direction of the y-axis. For the equations $xy = 1$ and $x = 0$ there are no finite points of intersection. Converting the equations into homogeneous form gives $xy = z^2$ and $x = 0$. Solving produces the equation $z^2 = 0$ which has a double root at $z = 0$. From the original equation, $x = 0$, so $y \neq 0$ since at least one coordinate must be non-zero. Therefore, $(0, 1, 0)$ is the point of intersection counted with multiplicity 2 in agreement with the theorem."
(https://en.wikipedia.org/wiki/Homogeneous_coordinates#Application_to_B%C3%A9zout's_the orem)
[146]"*For example, $y = x^2$ and $x = 0$ have only one point of intersection in the finite (affine) plane. To find the other point of intersection, convert the equations into homogeneous form, $yz = x^2$ and $x = 0$. This produces $x = yz = 0$ and, assuming not all of x, y and z are 0, the solutions are $x = y = 0$, $z \neq 0$ and $x = z = 0$, $y \neq 0$. This first solution is the point $(0, 0)$ in Cartesian coordinates, the finite point of intersection. The second solution gives the homogeneous coordinates $(0, 1, 0)$ which corresponds to the direction of the y-axis. For the equations $xy = 1$ and $x = 0$ there are no finite points of intersection. Converting the equations into homogeneous form gives $xy = z^2$ and $x = 0$. Solving produces the equation $z^2 = 0$ which has a double root at $z = 0$.*" (*Ibid.*)
"*Theorems*
Simple Systems
$x+y=a$, $x-y=b$, $xy=c$, $x^2+y^2=d$, $x^2-y^2=e$, $x^3+y^3=f$, $x^3-y^3=g$.
The problem is, given any two of a, b, c, d, e, f, and g, find x and y.
For x:

Linear Diophantine Equations
Bezout's Identity [ax+by=d]
In number theory, Bézout's identity or Bézout's lemma is a linear diophantine equation. It states that if a and b are nonzero integers with greatest common divisor d, then there exist infinitely many integers x and y (called Bézout numbers or Bézout coefficients) such that
$ax+by=d$.
Additionally, d is the least positive integer for which there are integer solutions x and y for the preceding equation.
The Bézout numbers x and y as above can be determined with the Extended Euclidean algorithm. However, they are not unique. If one solution is given by (x, y), then there are infinitely many solutions. These are given by
$$\left\{ \left(x + \frac{kb}{\gcd(a,b)}, \, y - \frac{ka}{\gcd(a,b)} \right) \mid k \in \mathbb{Z} \right\}.$$

Extended Euclidean Algorithm
The extended Euclidean algorithm is an extension to the Euclidean algorithm for finding the greatest common divisor (GCD) of integers a and b: it also finds the integers x and y in Bézout's identity
$ax+by=\gcd(a,b)$.
(Typically either x or y is negative). The extended Euclidean algorithm is particularly useful when a and b are coprime, since x is the modular multiplicative inverse of a modulo b.

Pell's Equations [x2-ny2=1]

83

Continued Fractions
Infinite Descent

Pythagorean Equations
Pythagorean Triples
Pythagorean triplets are sets of three natural numbers that satisfy pythagorus' theorem; $x^2+y^2=z^2$
which describes the relationships between the sides of a right angled triangle. It has been shown
that there are an infinite number of them by the following proof.
The square numbers; 1, 4, 9, 16 etc can be seen to be separated by the odd numbers 3, 5, 7 etc.
This is because $(n+1)^2=n^2+2n+1$ As an infinite number of these odd numbers are squares (as an
odd number squared results in an odd number) there must be an infinite number of pythagorean
triplets.

Fermat's Last Theorem
Fermats last theorem is a theorem about an equation that is similar to pythagorus' theorem. It is
{\displaystyle $x^n+y^n=z^n$. Fermats last theorem states that there are no integer solutions to this
equation for x,y,z does not equal 0 and n>2. It is particularly famous because Fermat stated that
he had a proof. The first case of this to be proved was n=4 which was proved by infinite descent."
(https://en.wikiversity.org/wiki/Number_Theory/Diophantine_Analysis#Bezout's_Identity_[ax+b
y=d])
[147]*"D'autre part, le triangle rectangle dont les côtés sont a, x et y nous donne*
$a^2 = x^2 + y^2.$
Il vient, en substituant à x sa valeur (−a)
$a^2 = (-a^2) + y^2 = a^2 + y^2.$
D'où
$y^2 = a^2 - a^2 = 0$
et
$y = \sqrt{0}$" (Jarry, pp. 119-120)
[148]*"Similarly, Bézout's theorem predicts that a line will intersect a conic at two points, but in some*
cases one or both of the points is infinite and homogeneous coordinates must be used to locate
them. For example, $y = x^2$ and $x = 0$ have only one point of intersection in the finite (affine) plane.
To find the other point of intersection, convert the equations into homogeneous
form, $yz = x^2$ and $x = 0$. This produces $x = yz = 0$ and, assuming not all of x, y and z are 0, the
solutions   are $x = y = $ $0, z \neq$ 0 and $x = z = $ $0, y \neq$ 0."
(https://en.wikipedia.org/wiki/Homogeneous_coordinates#Application_to_B%C3%A9zout's_the
orem)
[149]Jarry, pp. 120-121.
[150]*"Ordinatio or Opus Oxoniense (Oxford Lectures: a revision of the lectures given at Oxford,*
books   1   and   2   summer   1300–1302,   books   3   and   4,   1303–1304)"
(https://en.wikipedia.org/wiki/Duns_Scotus#Bibliography)
[151]*"Dans une démonstration du mouvement continu des anges au Livre II de*
l'Ordinatio, Scot (1266 Duns-1308) soulève deux paradoxes qui entreront dans la postérité. Dans
sa défense, il voudra réfuter la thèse selon laquelle le continu est formé d'indivisibles.
Chez Aristote, dans Le Livre VI de la Physique, il est clair qu'« il est impossible qu'un continu soit
formé d'indivisibles, par exemple qu'une ligne soit formée de points, s'il est vrai que la ligne est
un continu et le point un indivisible», mais cette preuve inspirée de l'autorité du Philosophe ne lui
suffit pas. Il proposera deux problèmes géométriques du même esprit montrant tout le
contradictoire d'une telle théorie.
Dans l'une des deux, on trace deux cercles concentriques à partir d'un centre a. Le petit, noté D et
le plus grand, noté B. Scot dira que puisque, selon cette théorie, la circonférence du grand cercle
est formée de points, il est possible d'en identifier deux, b et c. Du point a, traçons une ligne droite

le joignant à chacune de ces deux points de manière que les deux droites formées coupent le petit cercle D. La question: les droites ab et ac coupent-elles D en un seul point ou en deux points distincts? S'il s'agit du même point, l'une des deux droites ne sera plus droite (mais courbe) ce qui entre en contradiction avec la prémisse du départ. Dans le cas contraire, B et D incluraient le même nombre de points, pourtant, fait remarquer Scot, il est impossible à deux cercles inégaux d'être composés d'un nombre égal de parties égales. Il en découle qu'un continu, ici représenté par la ligne, ne peut être composé d'un nombre de points discrets.

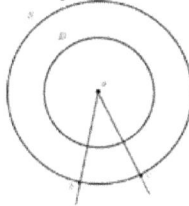

Bien que Scot lui-même n'ait pas explicité la chose dans ces termes, pour sa postérité, il s'est retrouvé à illustrer à l'aide de ces figures géométriques, en germe, certaines des découvertes les plus importantes concernant l'infini mathématique se retrouvant entre autres chez Georg Cantor. Les rayons issus du centre créant entre les points des deux cercles une correspondance biunivoque, le paradoxe soulève la possibilité pour deux ensembles infinis d'indivisibles d'être égaux malgré leurs tailles manifestement inégales." (https://fr.wikipedia.org/wiki/Infini#Un_apport_%C3%A0_l'infini_math%C3%A9matique)

[152]*"D'ailleurs, dans une autre démonstration, Duns Scot se frottera à de pareils débats quant à la grandeur des infinis. Scot à la question 3 du livre II, distinction 1 de l'Ordinatio rabat l'objection selon laquelle il serait impossible pour Dieu de produire quelque chose d'autre que lui-même sans que cette production ait un commencement. Selon cette objection, si la création est ab aeterno sine principio, l'infini qui a mené jusqu'à hier est équivalent à l'infini qui s'est écoulé jusqu'à aujourd'hui ce qui va à l'encontre de l'axiome d'Euclide voulant que la partie soit toujours plus petite que le tout. À cela, dans un premier temps, le Docteur répondra que ces deux dernières caractérisations ne sont applicables qu'aux grandeurs finies puisque les choses se divisent en fini et infini avant que «plus grand» ou «plus petit» ne s'appliquent. Cependant, ses adversaires soulèvent le problème qu'une création de toute éternité produirait une quantité infinie d'âmes en acte, or, une telle chose est impossible selon le Philosophe. Devant cette objection, Scot développe davantage: «Tout ce qui ne peut pas être fait par Dieu en un jour, parce que «cela implique contradiction» ne pourrait, pour la même raison, être fait par lui au cours d'un temps d'une durée infinie.» Il en vient à cette conclusion: «Il apparaît donc, que les instants de ce jour – voire de cette heure – ont une infinité égale à celle des instants infinis de ces jours infinis.» Cette intuition se verra, entre autres, confirmée par Richard Dedekind dans sa définition d'un ensemble infini qui se caractérise justement par l'équivalence entre le dit ensemble infini et une de ses parties propres de ce point de vue.*

De l'infini mathématique à l'infini théologique

Il n'en demeure pas moins que le fondement de l'affirmation par Scot qu'il existe quelque chose comme un infini en acte est théologique. Jean Duns Scot refuse qu'il soit impossible pour Dieu de créer spontanément une infinité en acte. En effet, selon Aristote une grandeur ne peut être infinie qu'en puissance. Or, voulant construire l'idée d'une nature infinie intensivement (selon la qualité), Scot fait un passage obligé par la démonstration d'une grandeur extensivement (selon la quantité) infinie en acte. Selon la définition d'Aristote au Livre III de la Physique, l'«infini est ce qui est tel que lorsqu'on en prend une quantité, c'est-à-dire quelque grande que soit la quantité qu'on prend, il reste toujours quelque chose à prendre», donc un tout infini n'est qu'une réalité potentielle et

par cela, conclut Scot, imparfaite. Pour remédier à une telle situation, le médiéval imagina à partir de cet infini potentiel ce qu'il serait en acte:
Pour notre propos, dit Duns Scot, transformons la notion d'infini potentiel dans la quantité en la notion de l'infini en acte dans la quantité en supposant qu'il puisse être en acte dans la quantité. Nécessairement, la quantité croîtrait toujours, en prenant une partie après l'autre, mais si nous imaginons que toutes les parties qui peuvent être prises successivement le sont simultanément, alors nous aurons une quantité infinie en acte, puisqu'elle sera aussi grande en acte qu'elle l'est en puissance. Si donc toutes les parties étaient conçues comme présentes en acte simultanément, l'infini ainsi imaginé serait véritablement un tout et serait véritablement parfait, car il n'y aurait rien au dehors. Bien plus, nulle quantité ne pourrait lui être ajoutée, car alors il pourrait être excédé.» (Quodlibet V (Olms, p. 118) dans Gérard Sondag, «Jean Duns Scot sur l'infini extensif et l'infini intensif», Revue thomiste, vol. 105, no 1, 2005, p. 120)" (Ibid.)
[153] *Medieval Commentaries on Aristotle's Categories*, sous la dir. de Lloyd A. Newton, Leyde et Boston, Brill, 2008, *"Bibliography"*, p. 426.
[154]Marta Vittorini, *"Life and Works"*, *A Companion to Walter Burley Late Medieval Logician and Metaphysician*, Leyde et Boston, Brill, 2013, note 29 p. 23.
[155]Joan Cadden, *Nothing Natural Is Shameful: Sodomy and Science in Late Medieval Europe*, University of Pennsylvania Press, 2013, p. 295.
[156]Il y écrit en effet: *"Premièrement, je prouve que dans le continu permanent, un indivisible est immédiat à un autre indivisible. [...] D'abord, voici mon argument: si une ligne est divisée en deux moitiés, alors deux points en acte se produisent; ces points existaient auparavant sur la ligne et entre eux, il n'y avait aucun intermédiaire, car si, entre ces points, il y avait eu un intermédiaire, cette ligne ne serait pas divisée en deux moitiés; donc, il reste à conclure que les deux points en acte qui terminent les deux moitiés après la division de la ligne étaient immédiats l'un à l'autre avant la division. Par conséquent, dans le continu comme sur la ligne, le point est un être qui suit un autre point. Cette affirmation peut être argumentée si l'on s'interroge sur la continuité de la ligne. Ou bien il existe deux points qui terminent les moitiés de la ligne ou bien il n'y en a qu'un seul. S'ils sont deux, il faut que ces points soient immédiats comme nous le soutenons. Si, en revanche, il n'y a qu'un seul point, au moment où la ligne est divisée en deux moitiés, le point ne va pas plus tenir d'extrémité à une moitié qu'à une autre. Par conséquent, il faudra que ce point soit divisible, de sorte qu'une partie du point termine une moitié de la ligne et l'autre partie, l'autre moitié, ce qui est impossible car alors le point serait divisible. Ou alors, il faut envisager que le point qui continue les parties de la ligne soit corrompu à son tour par la division et deux nouveaux points sont engendrés, ce qui ne semble pas nécessaire. Ainsi, parce qu'une moitié de ligne peut être séparée d'une autre moitié par quelque chose de divisible et par quelque chose d'indivisible en elle, une moitié peut être séparée d'une autre, alors que le point qui fait la continuité entre ces deux moitiés demeure. Ainsi, parce qu'un indivisible n'est pas corrompu si ce n'est lors de la corruption de quelque chose de divisible, puisque aucune moitié, ni quelque chose de divisible d'une moitié n'est corrompu par le fait qu'une moitié est éloignée d'une autre, il ne semble pas que le point qui continue ces moitiés l'une avec l'autre soit corrompu. Voici l'argument principal: il est possible que le point qui termine la ligne soit enlevé de la ligne et séparé de ce qui est enlevé ou ajouté à la ligne. Mais une fois que le point qui termine la ligne a été supprimé, ce qui reste est fini et par conséquent terminé. Mais ce n'est pas par le premier point, qui a été supprimé, donc c'est par un autre point, par conséquent, avant la suppression de ce point, entre le point qui termine la ligne et ce point supprimé, il n'y a pas eu d'intermédiaire et ainsi, avant la suppression de ce point, un point a été immédiat à un point. Et par conséquent, l'indivisible est un être consécutif à un autre indivisible."*
"Et primo probo quod in continuo permanenti indivisibile est immediatum indivisibili. [...] Primo igitur arguitur sic. Dividatur aliqua linea in duas medietates tunc fiunt duo puncta in actu et illa puncta prius existebant in linea et inter illa non erat aliquid medium, quia, si inter illa puncta fuisset aliquid medium, tunc illa linea non divideretur in duas medietates: igitur reliquitur quod

86

duo puncta quae actu terminant illas duas medietates divisas erant immediata ante divisionem. Et per consequens in continuo ut in linea est punctus consequenter ens alteri puncto. Hoc igitur potest argui sub tali forma querendo de linea continua. Aut sunt duo puncta continuantia ejus medietates aut unum tantum. Si sint duo, oportet quod illa sint immediata et sic habetur propositum. Si vero sit unum punctum tantum, tunc, si dividetur linea in duas medietates, illud punctum continuans ejus medietates non magis se tenetur cum una medietate quam cum alia. Igitur vel oportebit illud punctum dividi ita quod una pars ejus sit cum una medietate et alia pars ejus cum alia medietate, quod est impossible, quia sic punctum esset divisibile. Aut oportet dicere quod punctum continuans partes linee adinvicem corrumpitur per divisionem et generantur duo nova puncta, quod non videtur necessarium. Tunc, quia una medietas linee secundum quodlibet divisibile et secundum quodlibet indivisibile ipsius potest separari ab alia medietate. Igitur una medietas potest separari ab alia manente puncto continuante illas medietates adinvicem. Tunc quia indivisibile non corrumpitur nisi ad corruptionem alicujus divisibilis. Cum igitur nulla medietas nec aliquid divisibile alicujus medietatis corrumpatur per hoc quod una medietas aufertur ab alia, non videtur quod punctum continuans medietates illas adinvicem corrumpatur. Ad principale. Possibile est quod punctus terminans lineam auferatur a linea absque hoc quod aliquid aliud auferatur aut addatur linee. Sed puncto terminante praecise ablato residuum est finitum et per consequens terminatum. Sed non puncto priori iam ablato, igitur alio puncto, igitur ante ablationem illius puncti inter punctum nunc terminans punctum ablatum non fuit medium et sic ante ablationem illius puncti fuit punctus immediatus puncto. Et per consequens indivisibile consequenter ens alteri indivisibili." (Alice Lamy, "*L'ontologie des Indivisibles et la structure du continu selon Gautier Burley*", *Astérion*, 9 | 2011, https://journals.openedition.org/asterion/2152, § 10 et note 11)

[157]"*Dans l'œuvre d'Ockham, les contenus sur les discussions eucharistiques proprement dites sont beaucoup plus longs que ceux figurant dans les œuvres conservées de Burley. Deux points doctrinaux eucharistiques sont principalement traités chez Ockham en réaction à la position thomiste: la présence eucharistique et la subsistance des accidents eucharistiques. Concernant la première question, la transsubstantiation consiste d'abord en une conversion d'une substance à une autre:*

J'affirme en vérité que la substance du pain est annihilée, et qu'alors se produit la conversion du pain dans le corps du Christ, parce qu'après le pain, c'est le corps du Christ qui est présent, de même que le jour succède à la nuit et l'après-midi au matin.

Dans son Traité du corps du Christ, et à la vingt-sixième question de son quatrième Quodlibet, Ockham rapporte l'opinion de ses opposants et en particulier de Thomas d'Aquin, selon lequel la conception de la quantité est distincte de la substance26.Traditionnellement, le corps du Christ est présent dans le sacrement diffinitive. Contrairement à la localisation circonscriptive (l'ensemble du corps est étendu dans l'ensemble du lieu, tandis que chaque partie de ce corps occupe respectivement une partie de ce lieu), cette localisation propre aux indivisibles comme les anges et les âmes, fait que le corps du Christ est tout entier à la fois dans l'intégralité du lieu et tout entier dans chacune de ses parties. Le Venerabilis Inceptor modifie la définition de cette localisation et se distingue de ses prédécesseurs: il n'y a pas d'inconvénients à ce que cette localisation soit appliquée à des corps divisibles. La condensation subie par un corps naturel le contraint à réduire ses parties qui étaient sur plusieurs lieux, à un seul et même lieu. Il en va de même pour le corps du Christ. Celui-ci n'est pas étendu dans l'hostie, ses parties ne coïncident pas avec un lieu, bien que les organes du corps conservent leur distinction. La présence eucharistique s'explique donc par les différentes modalités de la substance seule du corps du Christ, c'est-à-dire par la distance ou le rapprochement de ses parties." (Lamy, "*Les propriétés quantitatives du corps dans le Traité des formes (pars posterior) de Gautier Burley*", *Cahiers de recherches médiévales et humanistes*, No 22, 2011, pp. 519-520)

[158]Lamy, "*La réception médiévale des notions de continuité et de contiguïté selon Aristote et Averroes dans la structure de l'infini: l'exemple de Walter Burley*", http://www.dogma.lu/pdf/AL-ContinuiteContiguite.pdf, p. 2.

[159]*Ibid.*, p. 3.

[160]"*ZÉRO & INFINI en CALCUL*
Deux faces de la même pièce: infiniment petit et infiniment grand.
0 ajouté à une quantité conserve cette quantité.
∞ *ajouté à une quantité donne* ∞
0 multiplié par une quantité donne 0
∞ *multiplié par une quantité donne* ∞
Un nombre divisé par une quantité qui tend vers 0 donne ∞
Un nombre divisé par une quantité qui tend vers ∞ *donne 0*
Tout   ceci   avec   quantité   non   nulle   et   non   infinie"
(http://villemin.gerard.free.fr/Wwwgvmm/Nombre/Zerinfin.htm)

[161]"*Dans ce premier argumentaire, Burley soutient l'existence de deux points immédiats l'un à l'autre sur la ligne. Trois cas de continuité où les points jouent un rôle essentiel (principalement des points immédiats) sont envisagés sur la ligne. Premier cas, la ligne est coupée en deux, chaque moitié de ligne présente un terme indivisible respectif, immédiat à l'autre terme de l'autre moitié. S'il y avait un intervalle entre ces deux points, il n'y aurait pas de division effective entre les deux moitiés. Il est difficile de n'admettre qu'un point à la césure des deux moitiés de lignes. En effet, ce point devrait être à la fois divisible, puisqu'à la fois sur la limite de l'un et de l'autre moitié, et indivisible. Cela est impossible, mais le raisonnement admet que, dans le cas de la division d'une ligne, les parties divisées ou amenées à être séparées sont à la fois terminées mais aussi composées de quelque chose à la fois divisible et indivisible.*
Burley envisage alors un deuxième cas, où le point unique à la césure des deux moitiés de lignes est en fait un point continuant et médiat qui assure la continuité de ces deux parties de ligne. Un troisième cas de continuité assurée par des points sur la ligne constitue l'argument principal en faveur de l'immédiateté de deux points sur la ligne: on peut toujours supprimer le point terminant de la ligne, mais la ligne, du fait qu'elle demeure finie, présente un nouveau terme indivisible. Il faut donc admettre que ces deux points sont immédiats sur la ligne continue.
Dans la deuxième partie de la question 4 (passage 2), le Doctor planus et perspicuus avance l'ensemble des contre-arguments (fo 176rb-va) pour réfuter qu'un indivisible soit consécutif à un autre indivisible. Sans intermédiaire, la ligne n'est pas continue, et les parties des lignes dont les points terminants finissent la ligne n'ont pas les mêmes termes. Trois nouveaux cas de continuité de la ligne, assurée par des points, sont exposés:
Comme premier argument, j'affirme que si la ligne est divisée en deux moitiés, le point qui auparavant a permis la continuité entre les deux moitiés de la ligne est corrompu et deux points nouveaux sont engendrés, qui auparavant n'étaient pas dans la ligne. Et lorsque l'on avance l'argument contraire selon lequel une moitié peut être séparée d'une autre en quelque chose d'elle-même, en quelque chose de divisible ou d'indivisible, il faut dire que cela n'est pas vrai, si l'on comprend qu'une fois qu'une moitié de ligne a été séparée d'une autre, il reste quelque chose de divisible et quelque chose d'indivisible des deux moitiés respectives, qui auparavant étaient présents, lorsque la ligne demeurait continue. Si cela était vrai, il s'ensuivrait que le point permettant la continuité des moitiés de la ligne, après séparation, demeurerait coupé en deux, dans l'une et l'autre ligne. Et ainsi le même point demeurerait dans différentes lignes séparées et différentes localement, ce qui est impossible. Et lorsque plus tard, on dit que l'indivisible n'est pas corrompu, si ce n'est selon la corruption de quelque chose de divisible, il faut dire que cela est faux. En effet, si deux lignes se continuent l'une l'autre comme cela arrive lorsque deux eaux se continuent l'une avec l'autre, l'un et l'autre point des lignes continues sont corrompus et un nouveau point qui continue ces parties l'une avec l'autre est engendré. Et il est certain que par une telle continuation entre deux lignes, aucun divisible n'est corrompu. [...] Voici mon deuxième argument principal: il est impossible que le point qui termine la ligne soit enlevé de la ligne, parce que si le point qui termine la ligne devait être enlevé, il faudrait qu'une partie de la ligne soit supprimée ou qu'un nouveau point soit engendré. De là, je concède qu'il est bien possible que le

point qui termine la ligne soit corrompu non pas par la corruption d'une partie de la ligne, mais dans le lieu d'un autre point corrompu, un point sera engendré, c'est-à-dire un nouveau point, par exemple, si deux lignes se continuent, le point qui termine l'une et l'autre ligne est corrompu et un nouveau point continuant ces lignes est engendré." (Lamy, "*L'ontologie des Indivisibles et la structure du continu selon Gautier Burley*", §§ 11-13)

[162]Lamy, "*Les raisonnements imaginaires dans les commentaires médiévaux de la Physique*", *Science, Fables and Chimeras: Cultural Encounters*, Cambridge Scholars Publishing, 2013, p. 66 et notes 10-11 de la même page.

[163]"*Le Collège de 'Pataphysique a été fondé le 11 mai 1948 («22 Palotin 75 de l'ère pataphysique qui s'ouvre le jour de la naissance d'Alfred Jarry, le 8 septembre 1873»). Il constitue une «société de recherches savantes et inutiles» qui promeut la 'Pataphysique.*
L'organisation et la promotion de ces recherches nécessitent une administration rigoureuse, qui s'inspire de diverses institutions du passé (curie romaine, république de Venise, etc.)" (https://fr.wikipedia.org/wiki/Coll%C3%A8ge_de_%27Pataphysique)

[164]"*Le Curateur est assisté d'un Vice-Curateur élu qui, secondé par un Staroste, dirige le Collège tant au spirituel qu'au temporel, veillant à ce que le Collège «n'ait aucune utilité» et à ce que la 'Pataphysique garde une excellence faustrollienne...*/...
Le «Corps des provéditeurs administre les biens imaginaires et réels du Collège..." (*Ibid.*)

[165]De fait: "*A strictement parles, la 'Pataphysique n'a pas d'histoire. Il suffit pour s'en convaincre de se remémorer les propos tenus par Sa Feue Magnificence le Vice-Curateur-Fondateur du Collège de 'Pataphysique lors de l'inauguration solennelle de l'Institut des Hautes Etudes Pataphysiques de Buenos Ayres:*
"*Est-il besoin de souhaiter que la 'Pataphysique soit à Buenos Ayres? Elle y était comme partout avant que nous ne fussions et elle se passe de tous. Elle se passe même d'être. Car elle n'a pas même besoin d'être pour être.*"
On ne saurait être plus clair: incréée, la 'Pataphysique n'a pas eu de commencement, et n'aura pas de fin. Et le projet même d'en écrire l'histoire paraît dépourvu de tout fondement.
Alors, pourquoi cette notule d'apparence historique? Elle tient compte d'un détail du Message de Sa Feue Magnificence: il est daté. Précisément du 14 clinamen LXXXIV. Cette date de l'ère pataphysique correspond au 5 avril 1957. Sauf pendant la période d'Occultation du Collège (elle vient de s'achever, et n'a, Faustroll merci, pas interrompu ses activités), ce calendrier a été utilisé pour dater tous les événements. Or l'ère pataphysique a, comme toutes celles qui lui font concurrence, une origine: la "Nativité d'Alfred Jarry", le premier Absolu de l'an I, soit, dans le calendrier vulgaire, le 8 septembre 1873. C'est en effet à cette date qu'à Laval, chef-lieu de la Mayenne, naquit d'Anselme Jarry et de son épouse Caroline Quernest le petit Alfred-Henry Jarry. On le voit: l'Autorité pataphysique la plus légitime confère une fonction déterminante - mieux: la fonction déterminante: celle de marquer le commencement des Temps-à cet accident de l'histoire: la naissance d'un enfant appelé à devenir un écrivain. Ecrivain, on le sait, privé, pendant sa courte vie (il mourut à 34 ans), de tous succès, ou peu s'en faut: à la seule réserve d'Ubu roi - dont la représentation eut, en décembre 1896 un fugitif succès de scandale - aucun de ses nombreux ouvrages ne lui valut mieux que la curiosité et, parfois, l'estime des milieux littéraires parisiens. La reconnaissance ne devait venir qu'à titre posthume: en 1972 - 99 ans après sa naissance - paraissait dans la Pléiade la premier des trois volumes de ses Œuvres complètes.
Quel est donc le rôle tenu par Alfred Jarry dans la genèse de la 'Pataphysique? Complexe et ambigu, il mérite d'être soigneusement débroussaillé.
Je commence par écarter une erreur souvent commise: Jarry n'est pas le fondateur du Collège de 'Pataphysique. On vient de voir, en lisant la titulature Sa Feue Magnificence le Docteur Louis-Irénée Sandomir, que c'est Elle qui le fonda, le 22 Palotin 75 Ep (vulg. Le 11 mai 1948), pour le cinquantenaire de la publication partielle, dans le Mercure de France, des Gestes et opinions du docteur Faustroll, pataphysicien. Les Statuts furent signés para Sa Magnificence le 1er Décervelage 76 (29 décembre 1949) et cosignés par Mélanie Le Plumet, Jean-Hugues Saimont et

Oktav Votka. Raymond Queneau, Boris Vian, François Caradec, Noël Arnaud, parfois donnés comme fondateurs du Collège, n'y furent admis qu'un peu plus tard.

Si Jarry n'a créé ni la 'Pataphysique, ni son Collège, est-il au moins le premier à avoir nommé la 'Pataphysique? Les faits ne sont pas simples. Commençons par le texte le plus explicite: celui qui, au début du Livre Deux des Gestes et opinions du Docteur Faustroll, pataphysicien, formule la "Définition" de la 'Pataphysique, telle qu'elle apparaît dans le livre, "par [Fasutroll] manuscrit", intitulé Eléments de pataphysique:

"Un épiphénomène est ce qui se surajoute à un phénomène. La pataphysique, dont l'étymologie doit s'écrire épi (metà tà phusikà) et l'orthographe réelle 'pataphysique, précédé d'un (sic) apostrophe, afin d'éviter un facile calembour, est la science de ce qui se surajoute à la métaphysique, soit en elle-même, soit hors d'elle-même, s'étendant aussi loin au-delà de celle-ci que celle-ci au-delà de la physique. [...] DEFINITION: La pataphysique est la science des solutions imaginaires, qui accorde symboliquement aux linéaments les propriétés des objets décrits par leur virtualité" (Pléiade, t. I, P. 668-669).

Cette définition a été beaucoup glosée, elle continue à l'être. Je me contenterai ici d'en marquer la pleine cohérence. Les "solutions imaginaires" ne sont en rien arbitraires: les objets que la 'Pataphysique prend en charge sont produits virtuellement par les "linéaments" du réel, mais les propriétés de ces objets sont, après coup, réattribuées aux linéaments. Et l'on comprend comment Gilles Deleuze a pu voir en Jarry (car il escamote un peu cavalièrement Faustroll) "un précurseur méconnu de Heidegger":

"On peut considérer l'œuvre de Heidegger comme un développement de la pataphysique conformément aux principes de Sophrotatos l'Arménien et de son premier disciple, Alfred Jarry". (Critique et clinique, p. 114)." (Michel Arrivé, *"Les origines jarryques de la Pataphysique"*, *Magazine littéraire*, No 388, Juin 2000, https://mexiqueculture.pagesperso-orange.fr/nouvelles6-arrivefr.htm)

[166]*"1891 – 1893*

En octobre 1891, accompagné de sa mère Alfred Jarry (nouveau bachelier ès lettres, mention bien) vient à Paris pour suivre les cours de rhétorique supérieure au Lycée Henri IV.

Il a pour professeur de philosophie Henri Bergson dont il prend en note l'intégralité des cours.../...

1894 – 1895
.../...

En mars 1894, après un nouvel échec à la licence ès lettres, il fréquente beaucoup les "mardis" littéraires: ceux de Rachilde femme d'Alfred Vallette directeur du Mercure de France et même ceux de Stéphane Mallarmé.

A cette époque, il se lie également avec Rémy de Gourmont et Paul Fort.

De février à juillet 1894, Jarry est critique d'art, manifestant son admiration pour un peintre dont on se moquait parfois, son compatriote lavallois, Henri Rousseau, dit le Douanier, qu'il va contribuer à "lancer".

En juin 1894, Jarry séjourne à Pont-Aven auprès de Paul Gauguin et de Charles Filiger.

1894 – 1895
.../...

Avec Rémy de Gourmont, il dirige les cinq premiers numéros d'une luxueuse revue d'art, l'Ymagier.

Il entre en relations avec Lugné-Poe, directeur du théâtre de l'Œuvre.

Il accomplit ses obligations militaires à la Caserne Corbineau de Laval du 13 novembre 1894 au 14 décembre 1895, date à laquelle il est réformé définitif pour lithiase biliaire chronique, certificat de bonne conduite accordé.

Le 18 Août 1895, mort d'Anselme Jarry à Laval. Le partage de ses biens rapporte plus de 15000 Francs-or (vite dépensés) à son fils. ..." (http://alfredjarry.fr/biographie/index.php)

[167]"*Avec ce texte du docteur Faustroll, on a l'état le plus achevé de la 'Pataphysique dans l'œuvre de Jarry. Après Faustroll, elle ne fera plus que quelques brèves apparitions, sous une forme vulgarisée. Ainsi, en 1901, Jarry parle, à propos de l'Almanach illustré du Père Ubu pour le XXe siècle, de la "pataphysique" du père Ubu: "plus simplement son assurance à disserter de omni re scibili, tantôt avec compétence, aussi volontiers avec absurdité, mais dans ce dernier cas suivant une logique d'autant plus irréfutable que c'est celle du fou ou du gâteux" (Pl., t. I, p. 1211).*

Mais ce retour de la 'Pataphysique au père Ubu est révélateur. C'est que la 'Pataphysique a dans l'œuvre de Jarry une longue histoire. Et même, avant Jarry, une préhistoire. Il convient donc maintenant de remonter dans le temps.

1897. Jarry publie l'un de ses plus beaux romans, Les jours et les nuits d'un déserteur. Un chapitre du livre est intitulé "Pataphysique". Anticipant sur la Définition du Docteur, Sengle, le héros du roman, s'avise, "de par son influence expérimentée sur l'habitus de petits objets, d'induire l'obéissance probable du monde" (Pl., t. I, p. 793). S'ensuit la mise en place de cet univers rêvé, qui fait du monde un "immense bateau, avec Sengle au gouvernail".

1895. Dans l'"Acte héraldique" de César-Antechrist est mis en scène l'"axiome des contraires identiques, le pataphysicien, nain cimier du géant, par-delà les métaphysiques; il est [...] l'Antechrist et Dieu aussi, cheval de l'esprit, Moins-en-Plus, Moins-qui-est-Plus, cinématique du zéro restée dans les yeux, polyédrique infini" (Pl., t. I, p. 290).

1894. Dans le "Linteau" des Minutes de sable mémorial, seul recueil de poèmes qu'il ait publié, Jarry met en place une fascinante théorie du texte poétique: "Simplicité condensée, diamant du charbon, œuvre unique faite de toutes les œuvres possibles offertes à tous les yeux encerclant le phare argus de la périphérie de notre crâne sphérique" (Pl., t. I, p. 172). Appelé par un astérisque au mot simplicité, une note précise:

"La simplicité n'a pas besoin d'être simple, mais du complexe resserré et synthétisé (cf. Pataph.)"

L'allusion est très obscurément éclairée par l'annonce, comme ouvrage en préparation, des Eléments de pataphysique: ceux, à n'en point douter, qui, quatre ans plus tard, prendront place dans les Gestes et opinions.

A remonter dans le passé on finit par entrer dans la préhistoire, j'entends l'histoire préjarryque. Il faut le dire: le mot pataphysique existait déjà dans la production potachique qui s'élaborait au lycée de Rennes pendant - et même sans doute avant - le séjour que Jarry y fit de 1888 à 1891. Je ne parle pas du "drame" qui allait devenir Ubu Roi, Certes, on sait maintenant que ce texte, à quelques "détails" près - notamment les noms des personnages, y compris celui d'Ubu, et du coup le titre de la pièce - était pour une large part achevé, sous le titre Les Polonais, dès... 1885, par les soins de Charles Morin, qui, de quatre ans l'aîné de Jarry, ne fut jamais son condisciple. Mais le mot pataphysique n'y paraît pas. Il est en revanche présent dans d'autres productions d'origine analogue. Ainsi dans La chasse aux polyèdres, le P.H. - abréviation de "Père Hébert", préfiguration du Père Ubu, et caricature grotesque du professeur de physique des potaches de Rennes - proclame que "quiconque a fait de la pataphysique sait raisonner de cette manière". Or La chasse aux polyèdres - factum potachique assez maladroit - ne doit rien à Jarry: elle a pour auteur Henri Morin, frère de Charles, contemporain exact et camarade de Jarry. La pataphysique surgit aussi dans une autre texte issu du folklore potachique: Ubu intime, alias Les polyèdres, alias Ubu cocu: le pauvre Achras, recevant la visite d'un inconnu, lit la carte qui lui a été remise: "Monsieur Ubu, ancien roi de Pologne et d'Aragon, docteur en Pataphysique... Ça n'est pont compris du tout. Qu'est-ce que c'est que ça la Pataphysique?"

Et Ubu de répondre, majestueusement déceptif:

"La pataphysique est une science que nous avons inventée, et dont le besoin se faisait généralement sentir." (Ubu intime, p. 119-120).

On l'a compris: s'il faut chercher à la 'Pataphysique une origine, c'est incontestablement dans Fasutroll qu'on la trouvera sous sa forma la plus explicite. Mais il faut aller plus loin: la 'Pataphysique s'enracine dans les élucubrations potachiques des lycéens de Rennes. Elle se serait toutefois irrémédiablement perdue, dans les rumeurs d'une cour de récréation vers la mi-juillet, si l'un des lycéens, Alfred Jarry, n'avait songé à la conserver et à lui conférer son statut définitif: "La Pataphysique est la science" (phrase finale de Faustroll, Pl., t. I, p. 734)." (Arrivé)

[168]https://fr.wikipedia.org/wiki/Bosse-de-Nage#%C3%89tymologie

[169]Sans revenir sur la question du sketch de Jean-Marie Bigard - qui sera le thème d'un autre travail, qui nous permettra, une nouvelle fois, de revenir sur la question du rire -, et sans prendre partie pour l'une ou l'autre partie (ce n'est pas ici notre propos), cette différentiation entre le narrateur et sa narration est, toutefois, bien établie par le comédien dans la vidéo *"Jean-Marie Bigard répond à Muriel Robin!"*, https://www.youtube.com/watch?v=aFi-J3KD_Yk

[170]René Descartes, *Discours de la méthode et Méditations, en latin et en français, avec les éclaircissements extraits des réponses aux objections. Édition publiée avec une introduction et des notes par Lorquet Professeur de philosophie au lycée Saint-Louis*, Paris, Librairie de L. Hachette et Cie, 1857, p. 122.

[171]*Pensées de Pascal, précédées de sa vie par Mme Périer, sa soeur, suivies d'un choix de Pensées de Nicole, et de son Traité de la paix avec les hommes,*
Librairie de Firmin Didot Frères, Fils et Cie, 1858, p. 46.

[172]Jarry, p. 117.

[173]*Ibid.*, p. 121.

[174]*"L'école centrale d'Ille-et-Vilaine*
En 1795, conformément au plan de la Convention pour l'instruction publique, les collèges sont remplacés par des «écoles centrales». Le rôle de ces nouveaux établissements est d'introduire les sciences dans l'enseignement - notamment la physique expérimentale et la chimie. Le collège de Rennes devient cette année-là «école centrale d'Ille-et-Vilaine».

Le lycée
XIXe siècle
Les écoles centrales sont supprimées le 1er mai 1802 (11 floréal an X), sous le consulat de Bonaparte, en même temps que sont créés les neuf premiers lycées français, ceux de Besançon, de Bordeaux, de Douai, de Lyon, de Marseille, de Moulins, de Rennes, de Rouen et de Strasbourg. À Rennes, on décide de garder le site de l'école centrale. Celle-ci, par mesure transitoire, peut continuer de fonctionner, tandis que ses locaux font l'objet d'importants travaux. Elle devient donc un lycée, qui est inauguré le 10 octobre 1803. Les lycées se distinguent des écoles centrales par le régime de l'internat. Ils accueillent des élèves payant leur scolarité, mais aussi des boursiers. Le lycée de Rennes reçoit 150 élèves, issus des cinq écoles centrales de Bretagne.
Dans l'enceinte de l'établissement se trouve un petit lycée, où des professeurs spéciaux dispensent un enseignement élémentaire, de la onzième à la septième (du CP au CM2). Payant (comme le lycée), il est réservé à des privilégiés, aux fils de notables, de bourgeois, aux enfants destinés au lycée et à l'université. En cette même année 1803, Saint-Ignace-Saint-François-Xavier, l'église du lycée, devient l'église paroissiale Toussaints. Les aumôniers du lycée célèbrent dès lors les offices dans l'antique chapelle Saint-Thomas, qui fut la chapelle du prieuré, puis du collège."
(https://fr.wikipedia.org/wiki/Lyc%C3%A9e_%C3%89mile-
Zola_de_Rennes#L'%C3%A9cole_centrale_d'Ille-et-Vilaine)

[175]*"En 1881, un professeur de physique et chimie, Félix-Frédéric Hébert, vient finir sa carrière au lycée. Instruit, mais faible, jugé réactionnaire et pittoresque, il est tourné en dérision, chahuté de façon grandiose et lourdement brocardé. En 1885, l'élève Charles Morin se fait le collecteur de tous les chants et saynètes alimentant la geste de ce personnage. Charles et son jeune frère Henri sont eux-mêmes les auteurs d'un drame en cinq actes, Les Polonais, qui narre les hauts-faits du «père Ébé». En 1888, Alfred Jarry, âgé de 15 ans, arrive au lycée, dans la classe d'Henri Morin. Il s'enthousiasme pour la pièce. De 1888 à 1890, chez eux, pour leurs camarades, Henri Morin et Alfred Jarry donnent à diverses reprises Les Polonais en théâtre avec acteurs, puis en théâtre de marionnettes, et enfin en théâtre d'ombres. En 1891, à Paris, Jarry apporte quelques modifications à la pièce. Le père Ébé devient le Père Ubu, et Les Polonais devient Ubu roi."*

(https://fr.wikipedia.org/wiki/Lyc%C3%A9e_%C3%89mile-Zola_de_Rennes#XIXe_si%C3%A8cle)

[176]https://fr.wikipedia.org/wiki/Alfred_Jarry#Biographie

[177]Il est curieux que n'est jamais été relevé que *"Pata- (subadulte) Le préfixe pata- apparaît dans un dictionnaire montagnais-français du XVIIe siècle* (c.1678-1684, https://www.worldcat.org/title/dictionnaire-montagnais-francais-ca-1678-1684/oclc/299462231) *où il est rendu en latin par un terme exprimant une position ou un état inférieur: «deffectu(m) significant» (Fabvre 1970: 283). Lors de nos propres entrevues, les Montagnais l'ont spontanément traduit par "moyen', une allusion à la taille de l'animal. Or, pour certaines espèces nommées à l'aide de ce morphème, la taille normale est atteinte à un âge qui n'est pas nécessairement le même que le stade qui suit immédiatement celui marqué par pata-. Par exemple, le porc-épic atteint sa stature normale à 4-5 mois (Dodge 1982: 361) et les Montagnais ont rapporté un stade pata- (patâkuss) pour les individus âgés entre 3 mois et 2 ans, soit même un peu plus tard. Pareillement, le loup atteint sa stature normale à l'âge de 10 mois (Paradiso et Nowak 1982: 463) et les Montagnais accordent à patai-maikan un âge variant entre 2 mois et 2-3 ans. Ces données portent à croire que le stade pata- est un stade subadulte, possiblement fondé dans quelques cas sur la taille de l'animal (par exemple, le castor dont la croissance se termine vers l'âge de 4 ans, et qui connaît le stade pats- vers 4 ans selon certains Montagnais), mais surtout sur une moyenne générale tenant compte à la fois de la taille des individus comme d'autres facteurs tels que la maturité sexuelle. Un bon exemple serait le loup chez lequel les mammalogistes reconnaissent un stade entre l'âge de 3 mois et l'âge de 20 mois, au cours duquel les individus atteignent leur taille normale (10 mois) et qui consiste en une période d'apprentissage culminant à la maturité sexuelle (Paradiso et Nowak 1982: 464). Les Montagnais ont nommé sensiblement la même période patai-maikan.*
Le stade pata-, que nous proposons de qualifier de subadulte (le stade adulte référant ici à la fois à la taille et à la maturité sexuelle), est habituellement désigné en montagnais par un terme composé du morphème pata- évidemment, suivi du nom de l'espèce. Chez l'ours noir, le stade prend le nom de patauaness, qui semble également composé du même morphème. Chez les cervidés, cette appellation est absente et le ou les stades qui s'en approchent le plus prennent une ou deux nouvelles appellations: aiapeshish et pashetîk[u]. Selon les informateurs, il y a soit un seul stade nommé aiapeshish (1 an et plus), soit deux stades qui se suivent, pashetîk[u] (1 an-2 ans) et aiapeshish (3 ans). Dans les deux cas, les stades semblent correspondre à une taille inférieure à la normale, si l'on se fie aux données des zoologistes qui situent pour le caribou (Miller 1982: 927) et le cerf de Virginie (Hesselton et Hesselton 1982: 879), un développement maximum vers l'âge de 4 ans et demi à 6 ans. Cette dernière supposition est d'ailleurs supportée par l'étymologie du nom des stades: aiapeshish qui est fondé sur une notion de petit et pashetîk[u] qui pourrait contenir un morphème apparenté à pata- et signifiant 'moyen' (comp. «pachechipichich moyenne Rivière, ruisseau», Fabvre 1970: 259)." (Daniel Clément, *La zoologie des Montagnais*, Paris, Peeters, 1995, pp. 340-341) "*Pata- (subadulte)*" (No 5) exprimerait donc un stade entre "*Upaiue-(juvénile)*" (*ibid.*, No 4, p. 340) et "*Tshíttûteu (intermédiaire)*" (*ibid.*, No 6, pp. 341ss.) lequel désigne pour "*certains animaux*" "*l'âge de 3 ou 4 ans*" (*ibid.*, p. 341). C'est ce que semblent confirmer les occurrences du dictionnaire innu en ligne: "*Patamu [ni]*
Rivière-Saint-Jean

patauan [na]
un ours de deux ans

patapiu [vai]
il se tient les épaules basses, se recroqueville, se baisse

patameu [vta]

il (animal) rate qqch (A) qu'il essaie d'attraper dans sa gueule; il le (animal) rate alors qu'il essaie de le prendre dans son piège

pataueu [vta]
il le manque avec son projectile, en essayant de le frapper; il le rate avec une trappe

patakuss [na]
un porc-épic de deux ans

patak^u [na]
un porc-épic de deux ans

patapush [na]
un lièvre de taille moyenne

patakueu [vai]
il passe un porc-épic à la flamme (pour bruler les piquants)

patamiku [vai]
il (animal) manque le piège, passe dessus sans s'y prendre

patam^u [vti]
il passe qqch à la flamme

patakuanu orthographe correcte: patakuenanu

patapishu [na]
un lynx de deux ans

patakauiu [vai]
il (porc-épic) se recroqueville prêt à projeter ses piquants

patamuneu (patamuňeu) [vta]
il le rate avec un piège

pataim^u [vti]
il manque qqch avec son projectile, en essayant de le frapper; il manque au travail, à l'école

patakuashu [vai]
il (animal) manque le collet, passe à côté sans s'y prendre

patauakanu [vai]
il se fait manquer avec un projectile

patakuateu [vta]
il le (animal) rate avec un collet

patatam^u [vti]
il (animal) rate qqch qu'il essaie d'attraper dans sa gueule; il rate, échappe qqch qu'il essaie de prendre avec une pince

94

patakuepanu (patakuepańu) [vai]
il passe un porc-épic à la flamme en vitesse

patapipaniu (patapipańiu) [vai]
il s'accroupit, se tapit

patakuenanu [vii]
on passe un porc-épic à la flamme

patashtaueu [vta]
il maintient qqch (A) à plat au moyen d'un poids

patamishk⁰ [na]
un castor de trois ans

patashtaikan [na]
un poids posé sur la guillotine d'une trappe

patatshik⁰ [na]
une loutre de deux ans

patapakueneu [vta]
il recourbe l'extrémité de qqch (A) à la main

Patamiu-shipu [ni]
la rivière Saint-Jean

patamishkutui [ni]
un cadre à castor de moyenne dimension

patapishkuenu (patapishkueńu) [vai]
il baisse la tête

patapishkuepu [vai]
il est assis la tête baissée

patashtaim⁰ [vti]
il maintient qqch à plat au moyen d'un poids

Patatshiku-assi [ni]
le barachois à Montpetit

patakauietutueu [vta]
il (porc-épic) lui lance ses piquants

patamiuashtikushu [na]
un résidant de Rivière-Saint-Jean

patanikutshashueu [vai]
il passe un écureuil à la flamme

patashtapishkaueu [vta]
il maintient qqch (A) à plat avec des roches

patashtapishkaim^u [vti]
il maintient qqch à plat avec des roches" (https://dictionnaire.innu-aimun.ca/Words)
de fait, l'étymologie comparée offre un particulier intérêt en ce sens, d'autant qu'elle apparaît dans
un ouvrage du XIXème siècle: "*PERI. - Subst. ablat. sing. On dit aussi persi, pied; dérivé du
Sanscrit PAD (ire) marcher, grec zoo; lat. pes; persan pd, pdï; goth. fotus; allem. fuss; flam. voet;
lithuan. pddas; lettique pedha; espag. pata, bohém. pata; polon. pieta; angl. foot; Suéd. fot; dan.
fod, island. fot (r); chin. po; mandschou betche.*" (De Baecker, "*Les Tables Eugubines. Étude sur
les origines du peuple et de la langue d'une province de l'Italie*", Mémoires de la Société
Académique d'Archéologie, Sciences & Arts du Département de l'Oise, Beauvais, Imprimerie
d'Achille Desjardins, 1865, T. VI 2ème Partie, p. 380)
Ainsi, alors que "*méta*: "*Du grec ancien* μετά *méta («au-delà, après»)*"
(https://fr.wiktionary.org/wiki/m%C3%A9ta#%C3%89tymologie) désigne l'au-dessus, le
supérieur, "*pata*" dans "*pataraphe*": "*Probable mot-valise dérivé de paraphe avec le préfixe pata-
, littéralement «écrit pataud».*" (https://fr.wiktionary.org/wiki/patarafe#fr), "*pataud*" étant, à son
tour, un "*Mot dérivé de patte avec le suffixe -aud.*" (https://fr.wiktionary.org/wiki/pataud), il
semble que c'est le provençal qui nous donne la clef définitive pour pouvoir expliquer le sens
littéraire (morceau de papier inutile) du préfixe "*pata*" employé par Jarry, renforçant ainsi les
témoignages des autres langues (d'enfantin en montagnais à partie inférieure des diverses langues
romanes):
"*PATA, V.Pachau.*
PATA, Pour épacte. V. Epacta.
PATA, dl. Pour morpion. V. Peoulhcourt et Ped, R.
*PATA, S. f. PELHA, CHIFFOUN, CITRASSA? BOUDOUBENA. Chiffon, morceau de vieux linge
qui n'est bon qu'à faire de la charpie ou à servir de torchon: Rabalhar seis palas, avoir la
cârphologie, être près de mourir. V. Pat, R.3.*
PATA, s.-f. dl. Terme de maître d'écriture, un cadeau, grand trait de plume hardi.
*PATA, s. f. (pâte); PAUTA, POOT fam. POTE, en ancien français; Pfote, ail. Paia, esp. cat. Pied
de certains animaux tels que les chiens, les chats, les lièvres, etc.
Ety. Nous ferions volontiers venir ce mot du grec* πατέω *(paléô), fouler aux pieds, parce que c'est
la patte qui foule, si presque tous les étymologistes ne le dérivaient de podos, gén. de pous, pied.
V. Ped, R.*
*PATA, s. f. Patte, est aussi le nom que l'on donne à des espèces de clous qu'on plante d'un côté
dans le mur ou dans le bois, et dont on fixe la lêle-aplatie avec un clou; à la partie élargie du bras
d'une ancre, etc. Parce qu'elles ont quelques ressemblance avec la patte d'un animal.*
*PATA-DEL-DIABLE, s. f. (pâte -dél-diâblé). Nom qu'on donne, aux environs de Toulouse, au
cactus. V. Raqueta.*
*PATA-DE-LAPIN, s. m. (pâte-dé-lapïn). Nom qu'on donne, aux environs de Toulouse, au trèfle
des guérêts ou pied de lièvre, Trifolium arvense, Lin. plante de la famille des Légumineuses,
commune dans les champs.*
*PATA-D'OURS, s. f. Nom que porte, aux environs de Brignoles, selon M. Amie, l'acanthe. V.
Acanlha.*
*PATA DE LION, s. f. Pied de lion, alchimille commune, Âlchimilla vulgaris, Lin. plante de la fam.
des Rosacées, commune dans les lieux humides de la Haute-Provence. V. Gar. Alchimilla vulgaris,
p. 15.*
Ety. De la ressemblance qu'a sa feuille avec la patte de l'animal dont elle porte le nom.
*PATA-DE-BATA, s. f. Nom qu'on donne, aux environs de Valensoles, à la clavaire coralloïde. V-
Barba.*
PATAC, s. m. (patâ). Un pala. Y.Pachau.

N'en dounariou pas Un patac, je n'en donnerais pas un double denier.
PATAC et palacs, s. m. dl. Coups de poing ou de bâton; le bruit d'un soufflet.
Éty. du grecîtatârjcrco (patassô), frapper; M. Astruc croit que patac est celtique.
PATAC, s. m. d. béarn. Eclat: Patacs de rire, éclats de rire." (*Dictionnaire Provençal-Français ou Dictionnaire de la Langue d'Oc, ancienne et moderne, suivi d'un vocabulaire Français-Provençal Par S.-J.* Honnorat, Digne, Repos, Imprimeur-Libraire-Éditeur, 1847, Tome III P-Z, p. 813)

Outre les occurrences nécessairement différentes, le mot et/ou préfixe "*pata*" renvoie donc soit à la partie inférieure du corps, soit à l'éclat, au rire, au coup de giffle, de poing ou de bâton ("*patac*"), soit, surtout, au "*Chiffon, morceau de vieux linge qui n'est bon qu'à faire de la charpie ou à servir de torchon*" et au "*grand trait de plume hardi*", donc bien, comme nous le disions, à la dialectique jarryque entre le paraphe ridicule et l'inutile parchemin (qu'il représente par les fragments à l'antique).

Ainsi, similairement, dans d'autres langues se confirme le caractère violent, immédiat, et négatif de "*pata*": "*(Tah.) pata, chiquenaude: pa mouvement de l'index le long du pouce; ta, le mouvement qui suit.*" (*Du dialecte de Tahiti, de celui des îles Marquises, et, en général, de la langue polynésienne, ouvrage qui a remporté, en 1852, le prix de linguistique fondé par Volney, Par P.L.J.B. Gaussin, ingénieur hydrographe de la Marine*, Paris, Firmin Didot frères, 1853, p. 238); en palawan, "*patäj*" désigne la mort (Nicole Revel, *Le Palawan (Philippines) Phonologie, catégories, morphologie*, Paris, Peeters, 1979, p. 197), et en celte "*pâta*" désigne le feu (Adolphe Pictet, *De l'affinité des langues celtiques avec le Sanscrit*, Paris, Benjamin Duprat, 1837, p. 49).

[178]"*Certains commentateurs considèrent qu'il faut faire attention de ne pas appréhender ces équations avec un point de vue de mathématicien classique, mais de le considérer comme une suite pataphysique car, dit Georges Petitfaux, qui fut provéditeur général du Collège de 'pataphysique, ce calcul «est, du point de vue mathématique, très désinvolte».*" (https://fr.wikipedia.org/wiki/Surface_de_Dieu)

[179]"*En juillet 29, donc, Daumal adresse à Torma un exemplaire de son étude théorique sur la 'pataphysique. Sans entrer dans une analyse doctrinale - les opinations torméennes satisferont, ô combien, à nos besoins -. on considérera volontiers que Daumal s'est relativement fourré le doigt dans l'oeil. Quant à la forme d'abord, on rappellera, à la suite de la Transcommission Exceptionnelle du Cymbalum Pataphysicum, chargée de l'édition annotée des Gestes et Opinions du Docteur Faustroll, pataphysicien, qu'«après avoir envisagé la rédaction d'un "traité de Pataphysique", Jarry y renonça et décida d'en inclure les fragments dans ce qui est devenu les Gestes et Opinions du Docteur Faustroll. Jarry avait senti ce qui sera formulé par le Collège: un traité de 'Pataphysique en forme ne pourrait que sombrer dans la Pataphysique inconsciente». Traiter de la 'Pataphysique sur le mode théorique, vouloir l'enseigner d'autre manière que pataphysique revient en effet à l'envisager comme un objet extérieur à cet enseignement; la 'pataphysique étant, par définition, illimitation, c'est l'enseignement qui, surévidemment. est sujet à 'pataphysique. Même si Torma condescend à écrire à son correspondant «Ton article m'agace car tout y est vrai. Mais c'est le ton qui n'y est pas», quant au fond il renâcle plutôt ferme: «Tu as raison de parler du chaos. Mais on devine que tu y crois comme à une espèce de bon Dieu... Ton pataphysicien rit trop. Et d'un rire bien trop comique et cosmique. Mettre une métaphysique derrière la pataphysique. c'est en faire la façade d'une croyance. Or le propre de la pat. est d'être une façade qui n'est que façade sans rien derrière. Je ne vois pas le D' Faustroll rire (...) Faustroll est imperturbable (...) Aussi je te vois venir quand tu dis que toute existence définie est un scandale. Avec l'Un et Cie. Mais pourquoi pas dire - que l'existence indéfinie est un scandale, quoique le mot scandale soit de trop. Faustroll dit: Je suis Dieu, et certes il a le droit de k dire autant que Dieu lui-même. Mais c'est tout de même un peu fort - ou pas fort - de le prendre au sérieux». Force est de constater, en effet, que ces «pages d'apocalypse pataphysique». ainsi que les désigne Daumal. que cette «pataphysique qui revêt une mystique» n'entretiennent que d'évasifs rapports avec la science des solutions imaginaires dont Daumal, pourtant, se réclame.*

Au reste, la publication, en 1969, de Tu t'es toujours trompé permet de replacer l'étude daumalienne dans une perspective plus large et d'en définir la fin initiale. On observe en effet que ces pages d'un contenu et d'une ordonnance légèrement différents s'inscrivent sous le titre La vision de l'Absurde. En guise de préliminaires se lisent ces lignes révélatrices: «Je décrirai successivement l'Evidence Absurde de l'intuition de soi par la Révélation du rire l'Evidence Absurde de la perception du monde par la Pataphysique; et l'Evidence Absurde dans le comportement de l'homme, comme principe de Révolte. Je pourrai alors proposer la Vision de l'Absurde comme type de la première expérience métaphysique» a. L'on ne saurait. même par civilité, souscrire à de telles extravagances. pourtant si drôles, qui sous prétexte d'un quelconque éveil spirituel, ravalent la 'pataphysique au rang d'une supplétive et balsamique métaphysique. et l'on chercherait en vain. dans le texte. des éléments qui permissent de croire à quelque ironie supérieure. INSISTONS. ITERONS et RECITONS: «la 'pataphysique est la science de ce qui se surajoute à la métaphysique. soit en elle-même. soit hors d'elle-même, s'étendant aussi loin au-delà de celle-ci que celle-ci au-delà de la physique». En appeler naïvement - et de toute autre manière. si ce n'est pataphysiquement - au «rire dévastateur». à une pataphysique briseuse d'idoles, c'est faire singulièrement fi de l'équivalence pataphysique de toute chose; c'est, tout bonnement. s'installer avec tout le confort que prodiguent nos sociétés, dans la pataphysique la plus ostensiblement inconsciente. Et peut-être n'est-il pas vain de rappeler en cette circonstance que la pataphysicien, équanime toujours. n'est point susceptible - et encore moins d'une quelconque révolte à l'encontre de quelque ordre ou désordre que ce soit.

Les restrictions tormeénnes, qui pourtant portèrent. comme on verra plus loin, n'entamèrent point l'intérêt que Daumal portait à la Science. En 1934 et 1938-39. il tint à la N. R. F. ce que le Provéditeur-Général Adjoint et Rogateur du Collège de 'Pataphysique.

Jean-Hugues Sainmont, s'est plu à qualifier de e délicieuse chronique n: «La Pataphysique du mois» '. Il s'agit là d'aimables spéculations s'inscrivant dans la veine jarryque et où la science vulgaire et ses mythologies subissent un rude et plaisant décapage. Si cette fois la prose de Daumal réfléchit quelques lueurs pataphysiques - une lumière de second rayon dirons-nous -, on ne laissera pas de regretter, en plusieurs occasions, l'usage juvénilement intempestif du préfixe para- . Ainsi la topologie devient une patagéométrie et la théorie des ensembles une patarithmétique. Plus significatif à cet égard est le Traité des Patagrammes, écrit en 1932 et édité par le Collège de 'Pataphysique en son Cahier rt 16 (82 E.P.), où abondent, outre les patagrammes, les patagraphes. les patascopies, les pataphotogrammes et autres pataplasmes. Pour attaché qu'il soit au nominalisme, le pataphysicien ne confond pas pour autant l'«esprit» et la lettre! A propos de la doctrine de ce texte. Jean-Hugues Sainmont opina, en une page monitoire: «D'aucuns se laisseront la trouver moins pataphysique et moins dépouillée qu'elle ne se veut, principalement au Chapitre V. Mais nous leur répondrons (omnia pura puris) que tout est pataphysique aux pataphysiciens, à condition précisément d'être pris pataphysiquement». Malgré l'excellence et la générosité de ce inoement filtrent d'implicites réticences quant l'adéquation, précisément, du texte à l'«esprit».

L'idiosyncrasie du Docteur Faustroll mis en scène par Daumal dans sa «Pataphysi-que du mois» ne correspond que de très loin à celle de Faustroll même et plutôt qu'à Jarry, l'on songe, dans ces pages, au Transcendant Satrape Boris Vian. Deux Régents du Collège ont déjà décelé cet «air de famille» entre les deux hommes. Noël Arnaud. analysant dans le Cahier 25 (84 E.P.) L'Automne à Pékin, y voit la relation d'une quête spirituelle comparable à celle du Mont analogue. Quant à Jacques Duchateau, en son bel ouvrage sur ledit Satrape, rappelant que «le Collège de 'Pataphysique fut fondé par des Rémois, comme le Grand Jeu», il avise quelques analogies d'attitudes entre la 'pataphysique. Boris Vian et le Simplisme Mais, distingue le Régent de Diégématique Analytique et Potentielle, et d'une distinction sans affèterie, «la grande affaire du Simplisme sera la métaphysique, et k Grand Jeu restera fidèle à cette option».» (Philippe van den Broeck, *"René Daumal pataphysicien?"*, René Daumal, Lausanne, L'Âge d'Homme, 1993, pp. 80-81)

98

[180]Cf. notre anthologie dans la revue *Gojón*, Numéro Quadruple 32/33/34-35 Série Universitaire, http://revista-gojon.blogspot.com/

[181]https://fr.wikipedia.org/wiki/Coll%C3%A8ge_de_%27Pataphysique#Curateur

[182]Jarry, p. 22.

[183]*Ibid.*

[184]"ἐπί, epí \ 'e.pi\
Sur, au-dessus
Dessus, à la surface.
Au-dessus." (https://fr.wiktionary.org/wiki/%E1%BC%90%CF%80%CE%AF)

[185]*Ibid.*

[186]https://fr.wikipedia.org/wiki/M%C3%A9taphysique_(Aristote)#La_premi%C3%A8re_publica tion_de_la_M%C3%A9taphysique

[187]Jarry, pp. 125-315.

[188]Cf. N.-B. Barbe, "*La critique de la religion dans la première version du "Faust" de Goethe*", *Quipos*, No 125, Décembre 1994, pp. 10-16.

[189]Jarry, p. 24.

[190]*Ibid.*, p. 115.

[191]http://claude.ognois.pagesperso-orange.fr/ubu01.htm

[192]"*4. A l'égard de la 'Pataphysique, tout est la même chose.*
Le pataphysicien non seulement n'accepte aucune explication scientifique définitive mais encore n'attribue de valeur à aucune valeur, qu'elle soit morale, esthétique ou autre: il tient ces valeurs pour de simples faits d'opinion. Le principe de l'équivalence universelle et de la conversion des contraires réduit l'univers considéré dans sa réalité pataphysique à des cas uniquement particuliers. Il est d'autant plus logique par conséquent que le pataphysicien puisse prendre plaisir au <travail> et réponde des manières les plus diverses aux appétits <normaux> (et <anormaux>) de la chair et de l'esprit, qu'il puisse parfois avoir des égards pour son prochain et même occuper un <poste responsable> dans la société.
La 'Pataphysique ne prêche ni rebellion ni soumission, ni moralité ni immoralité, ni réformisme ni conservatisme politique, et assurément ne promet ni bonheur ni malheur. A quoi cela rimerait-il quand tout est la même chose?
N.B. Rappelons que, selon l'arcle 11 des Statuts du Collège de 'Pataphysique, celui-ci (tout comme la 'Pataphysique) <n'engage à rien, mais au contraire dégage dans tous les sens du mot dégager et du mot sens>.
*
5. La 'Pataphysique est, d'allure, imperturbable.
Jarry fut pris par ses contemporains pour un plaisantin ou un fou. Tels furent les premiers effets du contre-sens commis.
La 'Pataphysique n'a rien à voir avec l'humour, non plus qu'avec cette espèce de folie apprivoisée, bruyamment mise à la mode par la psychanalyse. La vie, c'est entendu, est absurde mais c'est parfaitement banal et il est grotesque de la prendre au sérieux. Surtout pour s'en indigner ou l'attaquer. Le comique et le sérieux sont identiques: le comique est un sérieux qui s'excuse par la bouffonnerie, le sérieux pris au sérieux est inexorablement bouffon. C 'est pourquoi le pataphysicien reste attentif et imperturbable. Il n'éclate pas de rire, ne se met pas à jurer non plus quand on lui demande de remplir un questionnaire en quatre exemplaires sur ses affiliations politiques et ses habitudes sexuelles: au contraire, il couvre chacune des quatre feuilles de détails différents et également valables.
Cette imperturbabilité lui confère l'anonymat et la possibilité de goûter l'entière profusion pataphysique de l'existence.
*
6. Tout est pataphysique; cependant peu d'hommes mettent consciemment la 'Pataphysique en pratique.

Il n'y a pas de différence de valeur mais seulement d'état entre les hommes ordinaires et ceux qui sont délibéremment conscients de la nature pataphysique du monde et d'eux-mêmes. Le Collège de 'Pataphysique ne vaut ni plus ni moins que l'Académie Française ou que le <Hilldale Garden Club Men's Auxiliary Commitee of three on Poison Ivy Extermination>. Toutefois le Collège, lucide sur sa propre nature, peut jouir du spectacle pataphysique de sa propre conduite. Et quelle autre science que la 'Pataphysique peut tenir compte de la conscience, de la <conscience de soi> qui se glisse perpétuellement hors d'elle-même pour pénétrer dans l'éthernité? La monstrueuse gidouille du Père Ubu est figurée par une spirale que la 'Pataphysique du Docteur Faustroll transpose en symbole de cette quête éternelle, tournant sans fin sur elle-même.
Symbole? Au point où nous sommes tous les mots, étants pataphysiques, sont équivalents." (http://claude.ognois.pagesperso-orange.fr/ubu01.htm)

[193]"*Science des solutions imaginaires, science des solutions particulières, science des exceptions, autant de façons de caractériser la 'Pataphysique, ce qui peut se résumer en disant que «la 'Pataphysique est la Science».*" (https://fr.wikipedia.org/wiki/%27Pataphysique#) "*La formule «la 'Pataphysique est la Science» reprend les tous derniers mots des Gestes et opinions du docteur Faustroll, pataphysicien.*" (https://fr.wikipedia.org/wiki/%27Pataphysique#cite_note-6)

"*Savant et lettré, comme en témoigne sa bibliothèque, Faustroll, soudainement expulsé de son domicile par un huissier, entame en 1898, accompagné par son singe, Bosse-de-Nage, et l'huissier précité, René-Isidore Panmuphle, un voyage «de Paris à Paris par mer», qui le conduit à la mort, près de la Grande Nef Mour-de-Zencle. Projeté dans l'«éthernité», il communique par lettre télépathique à Lord Kelvin de nombreuses règles concernant le temps, le soleil, l'espace, puis traduit et explique Ibicrate le géomètre. Enfin, il calcule la surface de Dieu, et en conclut que «La Pataphysique est la science...».*" (https://fr.wikipedia.org/wiki/Docteur_Faustroll#Historique)

[194]"*Le 14 décembre 1981, Gainsbourg acheta l'un des deux manuscrits originaux de La Marseillaise de Rouget de Lisle à la salle des ventes de Versailles, pour la somme de 135 000 francs de l'époque (soit environ 20 580 euros). Ironie de l'histoire, à partir du deuxième refrain, Rouget de Lisle avait écrit: «Aux armes, Citoyens! etc.».*" (https://fr.wikipedia.org/wiki/Aux_armes_et_c%C3%A6tera_(chanson)#%C3%89pilogue)

[195]"*7. Au-delà de la 'Pataphysique, il n'est rien; elle est la suprême instance.*
Tel l'apprenti sorcier nous sommes les victimes de notre connaissance -surtout de notre savoir scientifique et technique. Le suprême recours contre nous-mêmes réside dans la 'Pataphysique. Non que la 'Pataphysique puisse changer l'histoire; cette gigantesque improvisation du passé est déjà du ressort de la Science des sciences. Mais la 'Pataphysique concède à quelques individus, sous des dehors imperturbables, de se transformer en leur particularité même: ainsi Ubu ou Faustroll, vous et moi. En apparence on peut se conformer méticuleusement aux rites et aux conventions de la vie civilisée, mais on considère ce conformisme avec le soin et la délectation d'un peintre qui choisit ses couleurs ou, peut-être, d'un caméléon.
La 'Pataphysique est une attitude intérieure, une discipline, une science et un art qui permet à chacun de vivre comme une exception et de n'illustrer d'autre loi que la sienne." (http://claude.ognois.pagesperso-orange.fr/ubu01.htm)

[196]"*Je fermerai maintenant les yeux, je boucherai mes oreilles, je détournerai tous mes sens, j'effacerai même de ma pensée toutes les images des choses corporelles, ou du moins, parcequ'à peine cela se peut-il faire, je les réputerai comme vaines et comme fausses; et ainsi m'entretenant seulement moi-même, et considérant mon intérieur, je tâcherai de me rendre peu à peu plus connu et plus familier à moi-même. Je suis une chose qui pense, c'est-à-dire qui doute, qui affirme, qui nie, qui connoît peu de choses, qui en ignore beaucoup, qui hait, qui veut, qui ne veut pas, qui imagine aussi, et qui sent; car, ainsi que j'ai remarqué ci-devant, quoique les choses que je sens et que j'imagine ne soient peut-être rien du tout hors de moi et en elles-mêmes, je suis néanmoins assuré que ces façons de penser que j'appelle sentiments et imaginations, en tant seulement qu'elles sont des façons de penser, résident et se rencontrent certainement en moi. Et dans ce peu que je viens de dire, je crois avoir rapporté tout ce que je sais véritablement, ou du*

100

moins tout ce que jusques ici j'ai remarqué que je savois. Maintenant, pour tâcher d'étendre ma connoissance plus avant, j'userai de circonspection, et considérerai avec soin si je ne pourrai point encore découvrir en moi quelques autres choses que je n'aie point encore jusques ici aperçues. Je suis assuré que je suis une chose qui pense; mais ne sais-je donc pas aussi ce qui est requis pour me rendre certain de quelque chose? Certes, dans cette première connoissance, il n'y a rien qui m'assure de la vérité, que la claire et distincte perception de ce que je dis, laquelle de vrai ne seroit pas suffisante pour m'assurer que ce que je dis est vrai, s'il pouvoit jamais arriver qu'une chose que je concevrois ainsi clairement et distinctement se trouvât fausse: et partant il me semble que déjà je puis établir pour règle générale que toutes les choses que nous concevons fort clairement et fort distinctement sont toutes vraies.

Toutefois j'ai reçu et admis ci-devant plusieurs choses comme très certaines et très manifestes, lesquelles néanmoins j'ai reconnu par après être douteuses et incertaines. Quelles étoient donc ces choses-là? C'étoit la terre, le ciel, les astres, et toutes les autres choses que j'aperçevois par l'entremise de mes sens. Or qu'est-ce que je concevois clairement et distinctement en elles?
.../...

Quant aux idées claires et distinctes que j'ai des choses corporelles, il y en a quelques unes qu'il semble que j'ai pu tirer de l'idée que j'ai de moi-même; comme celles que j'ai de la substance, de la durée, du nombre, et d'autres choses semblables. Car lorsque je pense que la pierre est une substance, ou bien une chose qui de soi est capable d'exister, et que je suis aussi moi-même une substance; quoique je conçoive bien que je suis une chose qui pense et non étendue, et que la pierre au contraire est une chose étendue et qui ne pense point, et qu'ainsi entre ces deux conceptions il se rencontre une notable différence, toutefois elles semblent convenir en ce point qu'elles représentent toutes deux des substances. De même, quand je pense que je suis maintenant, et que je me ressouviens outre cela d'avoir été autrefois, et que je conçois plusieurs diverses pensées dont je connois le nombre, alors j'acquiers en moi les idées de la durée et du nombre, lesquelles, par après, je puis transférer à toutes les autres choses que je voudrai. Pour ce qui est des autres qualités dont les idées des choses corporelles sont composées, à savoir la figure, la situation et le mouvement, il est vrai qu'elles ne sont point formellement en moi, puisque je ne suis qu'une chose qui pense; mais parceque ce sont seulement de certains modes de la substance, et que je suis moi-même une substance, il semble qu'elles puissent être contenues en moi éminemment.

Partant, il ne reste que la seule idée de Dieu, dans laquelle il faut considérer s'il y a quelque chose qui n'ait pu venir de moi-même. Par le nom de Dieu j'entends une substance infinie, éternelle, immuable, indépendante, toute connoissante, toute-puissante, et par laquelle moi-même et toutes les autres choses qui sont (s'il est vrai qu'il y en ait qui existent) ont été créées et produites. Or, ces avantages sont si grands et si éminents, que plus attentivement je les considère, et moins je me persuade que l'idée que j'en ai puisse tirer son origine de moi seul. Et par conséquent il faut nécessairement conclure de tout ce que j'ai dit auparavant que Dieu existe: car, encore que l'idée de la substance soit en moi de cela même que je suis une substance, je n'aurois pas néanmoins l'idée d'une substance infinie, moi qui suis un être fini, si elle n'avoit été mise en moi par quelque substance qui fût véritablement infinie.
.../...

Enfin, pour ce qui regarde mes parents, desquels il semble que je tire ma naissance, encore que tout ce que j'en ai jamais pu croire soit véritable, cela ne fait pas toutefois que ce soit eux qui me conservent, ni même qui m'aient fait et produit en tant que je suis une chose qui pense, n'y ayant aucun rapport entre l'action corporelle, par laquelle j'ai coutume de croire qu'ils m'ont engendré, et la production d'une telle substance: mais ce qu'ils ont tout au plus contribué à ma naissance, est qu'ils ont mis quelques dispositions dans cette matière, dans laquelle j'ai jugé jusques ici que moi, c'est-à-dire mon esprit, lequel seul je prends maintenant pour moi-même, est renfermé; et partant il ne peut y avoir ici à leur égard aucune difficulté, mais il faut nécessairement conclure que, de cela seul que j'existe, et que l'idée d'un être souverainement parfait, c'est-à-dire de Dieu,

101

est en moi, l'existence de Dieu est très évidemment démontrée." (*Œuvres de Descartes publiées par Victor Cousin*, Paris, Chez F.G. Levrault, 1824, tome I, pp. 264-265, 280-281 et 290-291)

[197]"*The criterion of clear and distinct ideas, so central to Descartes's account of knowledge, implies that where we have no such ideas then we can have no knowledge. Obtaining such ideas depends on beginning from the most clear and simple possible. The analysis of the compounds into the epistemically simple is the first step towards knowledge. With one important exception Descartes seems committed to saying that in principle all that we can think about or encounter can be so analysed. The exception is our idea of God. There is a very good reason why we can never have anything more than a partial, and therefore limited, idea of God and that is because God, uniquely, includes a positive idea of infinity. Part of what is meant by the idea of God involving a positive idea of infinity is that in the case of God alone we see that there is no attribute which He lacks or which He has merely potentially. Since He is perfect there is necessarily no attrihute of a positive kind which could be added to Him. This distinguishes God from all other infinities which are merely negative. But an infinite positive idea is, as a matter of logic, something that a finite mind cannot grasp. To that extent, at least, therefore, theology can at best he only a partial human science. Thus, although my idea of God may be `the truest and most clear and distinct of all my ideas' it is never other than 'inadequate' (Third Meditation. PW2:32)"* (G.A.J. Rogers, "*The seventeenth century and the reconstruction of knowledge*", *Proper Ambition of Science*, Londres et New York, Routledge, 2004, p. 65)

[198]Jarry, p. 28.

[199]*Ibid.*, pp. 5-6.

[200]Alfred Jarry & Eugène Demolder, *Pantagruel - Opéra-bouffe en cinq actes et six tableaux Musique de Claude Terrasse*, Paris, Société d'Éditions Musicales, 1911.

[201]Jarry, p. 69.

[202]*Ibid.*, p. 74.

[203]https://fr.wikipedia.org/wiki/Voyage_autour_de_ma_chambre

[204]*Le moyen de parvenir OEuvre contenant la raison de ce qui a ete, est et sera, avec demonstration certaine selon la rencontre des effets de la vertu, par Béroalde de Verville, Revu, corrige et mis en meilleur ordre, publié pour la première fois avec un commentaire historique et philologique, par Paul L. Jacob, Bibliophile*, Paris, Librairie Charles Gosselin, 1841, p. 66.

[205]Cf. en particulier *in ibid.*, p. 77: "*DE CUSA. Et pour être carme, qu'en est-il? BACON. Oh, ho! et ne savez-vous pas qui sont les plus excellents théologiens? Ne sont-ce pas les carmes, comme dit le sage Caton? Si Deus est animus, nobis ut carmina dicunt. Carmina, sont les carmes qui parlent de Dieu: ergo, il est vrai.*"
Évidemment à travers le dialogue entre d'éminentes figures théologiques.

[206]*Ibid.*, p. 81.

[207]En général, pour une étude approfondie sur les liens entre Jarry et Rabelais, cf. Murphy, pp. 29-36.

[208]Cf. par ex. le "*XXIX. Chapitre général*", *Le moyen de parvenir*, pp. 78ss., qui n'a rien de conclusif ni de récapitulatif. Ou les cap. "*XXV. Résultat*", *ibid.*, pp. 66ss., "*XXVI. Livre de Raison*", *ibid.*, pp. 70ss., ou "*XXVIII. Fen*", dont on ne sait s'il faut lire "*fen*", c'est-à-dire foin, ou feu, cf. note 3 p. 76 *in ibid.*

[209]"*MACROBE. Qui m'a amené ce chantre de la seconde chambre d'enfer? Va, bestiau mon govial; sais-tu point que l'Église ne peut faillir? Se peut-il faire que vous, qui avez tant lu en Allemagne, depuis que j'en suis parti, ne sachiez pas les clefs de votre métier? Allez à l'école; et sachez, apprenez, entendez et notez, comme M. de Bèze me l'apprit, que la quatrième clef fondamentale des trois clefs communes, de la divine, douce , humaine et sainte harmonie, est la bonne clef de la cave; c'est la sainte et harmonieuse clef, c'est la fidèle et parfaite.*" (*Ibid.*, p. 74)

[210]Cf. à ce sujet Julien Schuh, "*Jarry lecteur de Béroalde de Verville*", *Journée d'étude "Jarry et la Renaissance"*, Septembre 2011, Paris, https://hal.archives-ouvertes.fr/hal-00987726/document, pp. 39-46.

[211]Jarry, p. 115.

[212]*Le moyen de parvenir*, p. 68.

[213]*Ibid.*, pp. 65-66.

[214]*Ibid.*, p. 65; Jarry, p. 75.

[215]*Le moyen de parvenir*, pp. 47, 65, 84, 339.

[216]*Ibid.*, note 4 p. 65; et Schuh, p. 40.

[217]*Le moyen de parvenir*, p. 65.

[218]Pour tant est que l'on puisse en croire Schuh, p. 40, dont on sait que l'information, au moins, est partialement fausse, puisque l'édition que nous citons est antérieure à celle par lui indiquée: "*Une recherche dans les éditions antérieures permet de vérifier que, si le mot «quarré» est presque toujours supprimé des leçons du texte au XIXe siècle, par incapacité à lui trouver un sens, on le retrouve encore à la fin du XVIIIe siècle dans la plupart des éditions du livre. La version publiée chez Charpentier en 1868, dans l'édition du «Bibliophile Paul L. Jacob», suit également cette leçon, en précisant que «Plusieurs éditions portent quart, quatrième; ce qui n'a pas beaucoup plus de sens.» (p. 65). Mais l'on retrouve aussi dans cette édition l'orthographe moderne «charretée», adoptée par Jarry, alors que les versions antérieures donnent «chartée»; il s'agit donc bien de l'édition consultée par Jarry.*"

[219]"*Origine du personnage et étymologie*
Étymologie
Selon le texte des Gestes et opinions, Bosse-de-Nage est ainsi nommé en référence aux fesses qu'il a au visage à la place des joues. «Nache» ou «nage» signifie en effet «fesses» en ancien français, et celles-ci font deux bosses sur son visage.
Par ailleurs, en terme nautique, la «bosse» est un filin qui maintient amarré un bateau tandis que la «nage» désigne l'avancée du navire en mer; le nom du singe symbolise alors le caractère impossible de la navigation du Docteur Faustroll. Ce nom fait enfin référence à des caractéristiques physiques de Christian Beck.

Bosse-de-Nage et Beck
Bosse-de-Nage caricature l'homme de lettres belge Christian Beck, à qui est dédié le dixième chapitre et avec qui Jarry était en très mauvais termes quand il acheva la rédaction des Gestes et Opinions en 1898-conflit immortalisé par André Gide en 1925 dans la scène du «Banquet des Argonautes» des Faux-Monnayeurs, où Alfred Jarry essaye de tuer un jeune Belge nommé Bercail directement inspiré à Gide par Beck.
Le nom du singe fait ainsi référence au visage rond et joufflu de Christian Beck et à la mauvaise qualité selon Jarry de ce qui sortait de sa bouche, assimilée à un anus. L'incapacité du babouin à prononcer d'autres mots que « Ha ha » lorsqu'il parle français visait également à moquer «l'élocution laborieuse» de Beck, tout comme la précision selon laquelle Bosse-de-Nage «prononçait assez correctement quelques mots belges»." (https://fr.wikipedia.org/wiki/Bosse-de-Nage)

[220]https://www.etymonline.com/word/roll; *General French and English Dictionary newly composed, from the English Dictionaries of Johnson, Webster, Richardson, etc. And from the Dictionaries of the French Academy, Laveaux, Boiste, Bescherelle, etc. And the special Dictionaries and Works of both Languages. By A. Spiers*, Londres, Whittaker and Co., 1850, p. 508.

[221]https://de.wiktionary.org/wiki/Rolle

[222]https://fr.wiktionary.org/wiki/Phileas#la

[223]https://www.geneanet.org/nom-de-famille/PHILEAS

[224]https://www.geneanet.org/nom-de-famille/FOGG

[225]"*A medieval English name from the Anglo-Saxon folc here meaning folk army. Its use as a first name has become extinct but it is still to be found as a surname.*" (https://en.wikipedia.org/wiki/Fulcher)

[226]Cf. notre ouvrage sur Heinrich Vogtherr.

[227]*Farmers' Bulletin*, No 2127, United States Department of Agriculture, 1889, p. 29.

[228]Jarry, pp. 5-6.

[229]*Ibid.*, p. 6.

[230]*Ibid.*, pp. 6-7.

[231]*Ibid.*, pp. 7-8.

[232]http://expositions.bnf.fr/utopie/pistes/grand/ordre.htm

[233]https://fr.wikipedia.org/wiki/Le_Canard_au_ballon
"*The story now known as "The Balloon-Hoax" was first printed in The Sun newspaper in New York. The article provided a detailed and highly plausible account of a lighter-than-air balloon trip by European balloonist Monck Mason across the Atlantic Ocean taking 75 hours, along with a diagram and specifications of the craft.*

Poe may have been inspired, at least in part, by a prior journalistic hoax known as the "Great Moon Hoax", published in the same newspaper in 1835. One of the suspected writers of that hoax, Richard Adams Locke, was Poe's editor at the time "The Balloon-Hoax" was published. Poe had complained for a decade that the paper's Great Moon Hoax had plagiarized (by way of Locke) the basic idea from "The Unparalleled Adventure of One Hans Pfaall", one of Poe's less successful stories which also involved similar inhabitants on the Moon. Poe felt The Sun had made tremendous profits from his story without giving him a cent. (Poe's anger at The Sun is chronicled in the 2008 book The Sun and the Moon by Matthew Goodman.)"
(https://en.wikipedia.org/wiki/The_Balloon-Hoax#Overview)

[234]http://neuviemeart.citebd.org/spip.php?article434

[235]https://fr.wikipedia.org/wiki/Le_Voyage_de_monsieur_Perrichon

[236]Cf. Barbe, *Mythanalyse du héros dans la littérature policière (de Dupin, Lupin et Rouletabille aux super-héros de bandes dessinées et de cinéma*, 2004; *Apparition de nouvelles structures narratives: les genres littéraires du XIXème siècle*, 2010; et 1. "*Porque las mujeres conformaron nuestra forma de pensar*", *Gojón*, No 25, Second Semestre 2014, pp. 384-409.

[237]https://fr.wikipedia.org/wiki/Zadig

[238]https://fr.wikipedia.org/wiki/Microm%C3%A9gas

[239]https://fr.wikipedia.org/wiki/Candide

[240]"*L'«Histoire de monsieur Cryptogame» par Rodolphe Töpffer est la première BD mettant en scène des Algériens. Dessinée en 1830 par le génial Genèvois (1799-1846), elle ne parle pas de la prise d'Alger en cette même année. Le chasseur de papillons s'embarque pour fuir les assiduités d'Elvire. En vain! Après un détour dans le ventre d'une baleine, les passagers embarqués se retrouvent esclaves à Alger, monsieur Cryptogame acheté par Aboul Hassan, l'abbé, précepteur des enfants Moustacha et Elvire au sérail du Dey d'Alger ... qu'elle égorge! En s'évadant, ils mettent par inadvertance le feu à toute l'Algérie d'où fuient les nombreux lions puis « toute la population d'Alger et du territoire », pendant que, en s'entretuant "on s'y occupe de l'élection d'un nouveau Dey". Arrivé sur les côtes d'Italie, le héros se marie avec une autre femme et Elvire "éclate [littéralement] de jalousie".* "
(https://fr.wikipedia.org/wiki/Histoire_de_monsieur_Cryptogame)

[241]Jarry, *L'amour absolu Avec des souvenirs du Docteur Saltas et des notes de Charlotte Jarry*, Paris, Les Marges, 1932, p. 67: "*Marie Mère de Dieu a vingt ans de moins, au pied de la Croix, que Marie Mère du fils de l'Homme arrivé à la date prophétisée.*
C'est une petite fille qui invente la cripagne.
Je suis Dieu, je n'ai pas d'enfance."

[242]*Ibid.*, p. 65.

[243]"*Le sexe de Varia est l'oeillère d'un masque.*
Les yeux de Monsieur Dieu sont un affiquet de son costume, même quand il est tout nu: ses portes de chair sur la Vérité.
Il n'y a qu'une Vérité.

*Et des myriades, exactement toute la série indéfinie des nombres - tous les nombres qui ne sont
pas l'Un - de choses qui ne sont pas cette Vérité.*
La quantité de mensonges actuels ou possibles s'écrit x- 1 = x
Personne ne peut avoir cette Vérité, puisque c'est Dieu qui la détient.
Emmanuel Dieu ou l'Autre.
Ils empêchent l'harmonie d'un beau Mensonge universel, sans déchirure.
Ils sont le sexe du Mensonge, qui est femelle.
Ce sexe est une case veuve, tant qu'ils gardent leur Vérité pour eux.
*Et comme il n'y a point de vide, il déborde toujours une chose quelconque, qui par définition n'est
point la Vérité, dans la case à Vérité.*
«Le cas de Vérité», si l'on écrit la vie de cette Dame galante.
Pour toutes les Unités du Mensonge, l'amant actuel porte son nom.
Mais elles ignorent qu'il n'est pas celle qui est.
*Il n'y a que Dieu (Emmanuel, et l' Autre) qui puisse, sachant où est la Vérité, perpétuellement et
d'une façon très parfaite et variée, mentir.*
Ils mentent à coup sûr, sachant qu'ils la gardent.
Monsieur Dieu serait une prostituée, s'il la livrait - s'il se livrait.
*Et quand il livre autre chose, les gens ont quelque chance de croire qu'il dit la Vérité, puisqu'il est
d'autant plus probable qu'il dira une chose voisine de ce qu'ils croient la Vérité, qu'il dira une
chose sensiblement contradictoire à sa vraie Vérité, qu'il garde.*
Étant donc sûr de ne pouvoir parler, pour être compris, qu'en mentant, tout mensonge lui indiffère.
C'est un chemin vers autrui.
Si - il préfère le plus court.
*Il fait volontiers, en même temps, des mensonges différents à des êtres différents, puisque, quoique
en pratique infiniment loin de lui, ils ne sont pas loin dans la même direction.*
Il ne leur ment point, parlant selon leur voie.
Mais à soi.
*Quand il leur ment à tous ensemble, comme l'épeire-diadème s'écarte à la fois de toute la
circonférence de sa toile, il réintègre son centre.*
Qui différencie donc Emmanuel de Varia, celle qui ment?
Les femmes mentent par le chemin des écoliers.
Avec détails.
Analytiquement.
*Miriam (le sommeil nerveux ment toujours, par instinct défensif de faible) ment dans le sens de la
volonté d'Emmanuel.*
Elle enregistre le Vrai qu'il improvise.
Elle est, à son gré, la Vérité absolue.
La Vérité humaine, c'est ce que l'homme veut: un désir.
La Vérité de Dieu, ce qu'il crée.
Quand on n'est ni l'un ni l'autre - Emmanuel -, sa Vérité, c'est la création de son désir." (*Ibid.*, pp.
141-144)
À noter que Varia semble être la soeur de Myriam (Marie en grec,
https://fr.wikipedia.org/wiki/Marie_(m%C3%A8re_de_J%C3%A9sus)) au cap. XI "*Et Verbum
Caro Factum Est*", plus jeune que Myriam et brune, alors que Myriam est blonde, *ibid.*, pp. 132-
134, Myriam "*la Femme de Dieu*" anéantissant Varia pour pouvoir le devenir au cap. XIII
"*Mélusine était souillarde de cuisine, Pertinax eschalleur de noix*", *ibid.*, p. 145.
La tradition attribue effectivement parfois une soeur à Marie: "*Marie de Clopas est citée dans
l'Évangile selon Jean: «Près de la croix de Jésus se tenaient sa mère et la sœur de sa mère, Marie
de Clopas, et Marie de Magdala» (Jn 19, 25).*
*Ce verset est à rapprocher de ce qui est dit dans l'Évangile selon Matthieu: «Parmi elles étaient
Marie de Magdala, Marie, mère de Jacques et de Joseph, et la mère des fils de Zébédée.»* (Mt

27,56), et dans celui de Marc: «Il y avait aussi des femmes qui regardaient de loin. Parmi elles étaient Marie de Magdala, Marie, mère de Jacques le petit et de Joses, et Salomé.» (Mc 15,40); «Lorsque le sabbat fut passé, Marie de Magdala, Marie, mère de Jacques, et Salomé, achetèrent des aromates, afin d'aller embaumer Jésus.» (Mc 16,1), et celui de Évangile selon Luc («Celles qui dirent ces choses aux apôtres étaient Marie de Magdala, Jeanne, Marie, mère de Jacques, et les autres qui étaient avec elles.» (Lc 24,10).
Un passage de l'Histoire ecclésiastique d'Eusèbe de Césarée qui apparaît comme une citation d'Hégésippe (vers 150) indique que Clopas est le frère de Joseph: «tous, d'une seule pensée, décidèrent que Siméon, fils de Clopas, qui est mentionné dans le livre de l'Évangile, était digne du siège de cette Église : il était, dit-on, cousin du Sauveur. Hégésippe raconte en effet que Clopas était le frère de Joseph» (Hist. eccl. 3, 11, 32). Dans un autre passage (Hist. eccl. 3, 32) Siméon est dit fils de Marie femme de Clopas.
Beaucoup de traditions semblent d'accord pour assimiler Marie, femme de Clopas et Marie mère de Jacques le Mineur et Joses.
E.W. Bullinger et, avant lui, Jérôme de Stridon5, déduisent de Jean 19:25 que Marie, la femme de Clopas, était la sœur de Marie, la mère du Messie. En effet, le texte en grec n'utilise pas de conjonction de coordination και, et, entre «la sœur de sa mère» et «Marie de Clopas»: Jean 19, 25: «ειστηκεισαν δε παρα τω σταυρω του Ιησου η μητηρ αυτου και η αδελφη της μητρος αυτου, Μαρια η του Κλωπα και Μαρια η Μαγδαληνη». Si l'on tient compte des deux hypothèses, cela impliquerait que Joseph et Clopas auraient été deux frères qui auraient épousé deux sœurs prénommées toutes les deux Marie. Selon une interprétation plus vraisemblable, il faut distinguer «la sœur de sa mère», Salomé, et «Marie de Clopas» qui ne serait pas désignée par une apposition mais simplement citée à la suite."
(https://fr.wikipedia.org/wiki/Proches_de_J%C3%A9sus#Marie_de_Clopas_et_Clopas)
[244]Jarry, *Gestes et opinions du Docteur Faustroll, pataphysicien. Suivi de l'amour absolu*, éd. de Noël Arnaud et Henri Bordillon, Paris, Gallimard, 1980, pp. 153-155.
[245]https://gallica.bnf.fr/ark:/12148/bpt6k319622m/f83.item
[246]https://www.matierevolution.fr/spip.php?article1169
[247]*Ibid.*; et Claude Debru, "Ernst Mach et la psychophysiologie du temps", Philosophia Scientiae, T. 7, 2003, No 2, pp. 59-91.
[248]Victor Hugo, *La Fin de Satan*, Paris, J. Hetzel; et A. Quantin, 1886, III "Satan pardonné", p. 337.
[249]Lucien Lenglet, *L'Homme et sa destinée*, L. Hachette et Cie, 1863, pp. 55-56.
[250]*Ibid.*, pp. 61-62.
[251]Étrangeté contradictoire de cette formulation notée par l'édition Gallimard citée de l'oeuvre: "Les deux phrases semblent, et sont, contradictoires. Elles renvoient au classique problème platonicien de l'opposition Vérité/vérités. Jarry ne saurait mieux illustrer la pataphysique et indiquer que la littérature, texte un et multiple, est seule vraie."
(http://www.philo5.com/Les%20philosophes%20Textes/Jarry_'Pataphysique.htm#_ftn11)
[252]Jarry, *L'amour absolu*, cap. X, p. 122.
[253]*Ibid.*, cap. XII, p. 142.
[254]*Ibid.*, cap. X, p. 128.
[255]"*Elle cherche, de même qu'elle cherchait les ailes de l'Amour.*" (*Ibid.*, p. 130)
[256]*Ibid.*
[257]https://gallica.bnf.fr/ark:/12148/bpt6k319622m/f5.image
[258]Jarry, *L'amour absolu*, p. 164.
[259]*Ibid.*, pp. 137-138.
[260]Cf. notamment les références à Adam *in ibid.*, pp. 134-136 et 158-159.
[261]Schuh, "César-Antechrist: un écrin occulte pour Ubu", *La Licorne - Revue de langue et de littérature française*, Rennes, Presses universitaires de Rennes, 2007, pp.13-45, https://hal.archives-ouvertes.fr/hal-00983955/document, p. 1.

[262]"*«C'est là les huit séjours, les huit mondes, les huit purushras.*

«Celui qui, ayant analysé, ayant synthétisé ces purushras, les a surpassés, ce purushra des upanishads, je te le demande. Si tu ne me l'expliques pas clairement, la tête éclatera.»

Et, de ce purushra, Çâkalya n'en avait pas l'idée, et sa tête éclata. Et ses os mêmes, les prenant pour autre chose, des voleurs les enlevèrent.

(L'UPANISHAD DU GRAND KRANYANA; traduction A. F. Hérold.)" (Jarry, *Gestes...*, p. 317 non numérotée)

[263]Schuh, "*César-Antechrist: un écrin occulte pour Ubu*", p. 3.

[264]*Ibid.*, p. 9.

[265]*Ibid.*, p. 14 et Fig. "*Croix-pentagramme s'inversant en Orle*" p. 15.

PLANCHES

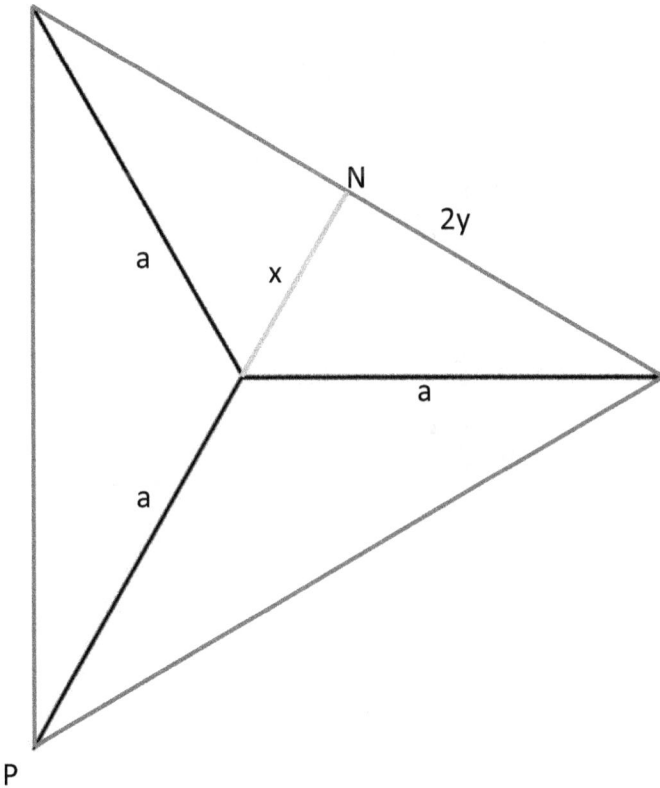

Surface de Dieu selon Alfred Jarry
(notre shcéma)

"Représentation graphique utilisée par le docteur Faustroll pour calculer la surface de Dieu" selon Wikipédia; Scutum Fidei

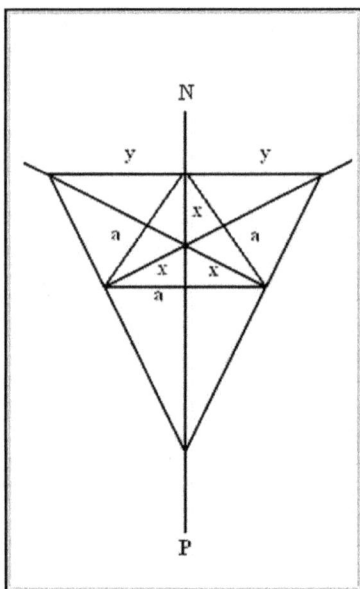

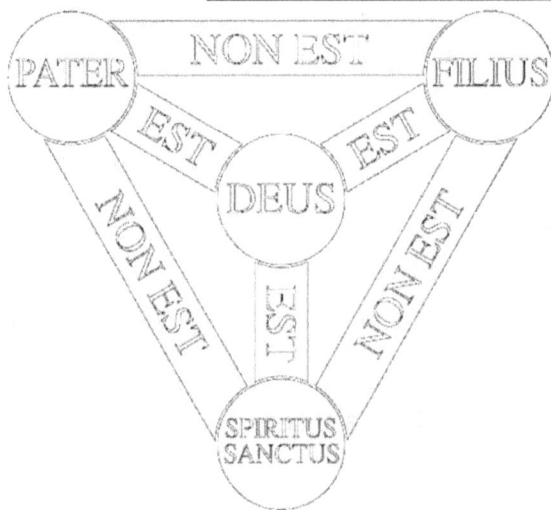

Martin Schongauer, *Tentation de Saint Antoine*

Martin Schongauer, *Tentation de Saint Antoine*

Giotto di Bondonne, *Crucifix* de santa Maria Novella à Florence,
1288-89

Giotto di Bondonne, *Crucifix* de santa Maria Novella à Florence, 1288-89

Diego Vélasquez, *Cristo crucificado*, c.1632

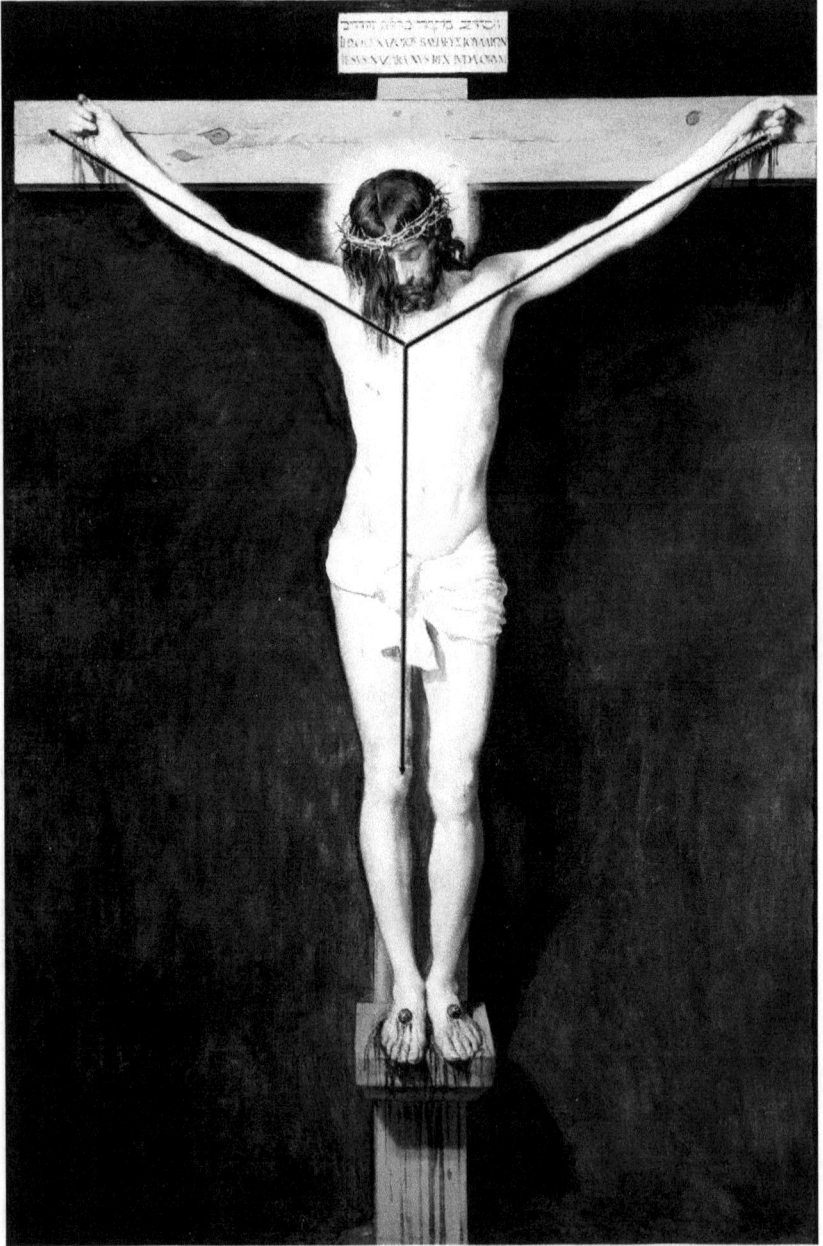

Diego Vélasquez, *Cristo crucificado*, c.1632

Charles Amand Durand d'après Albrecht Durer, *Jésus-Christ Expirant sur la Croix*, 1873

Charles Amand Durand d'après Albrecht Durer, *Jésus-Christ Expirant sur la Croix*, 1873

Salvador Dalí, *Le Christ de Saint-Jean de la Croix*, sculpture en bronze selon la technique de la cire perdue, édition à 350 exemplaires signés et numérotés, 1974

Salvador Dalí, *Le Christ de Saint-Jean de la Croix*, sculpture en bronze selon la technique de la cire perdue, édition à 350 exemplaires signés et numérotés, 1974

Anton Raphael Mengs, *Christus am Kreuz*

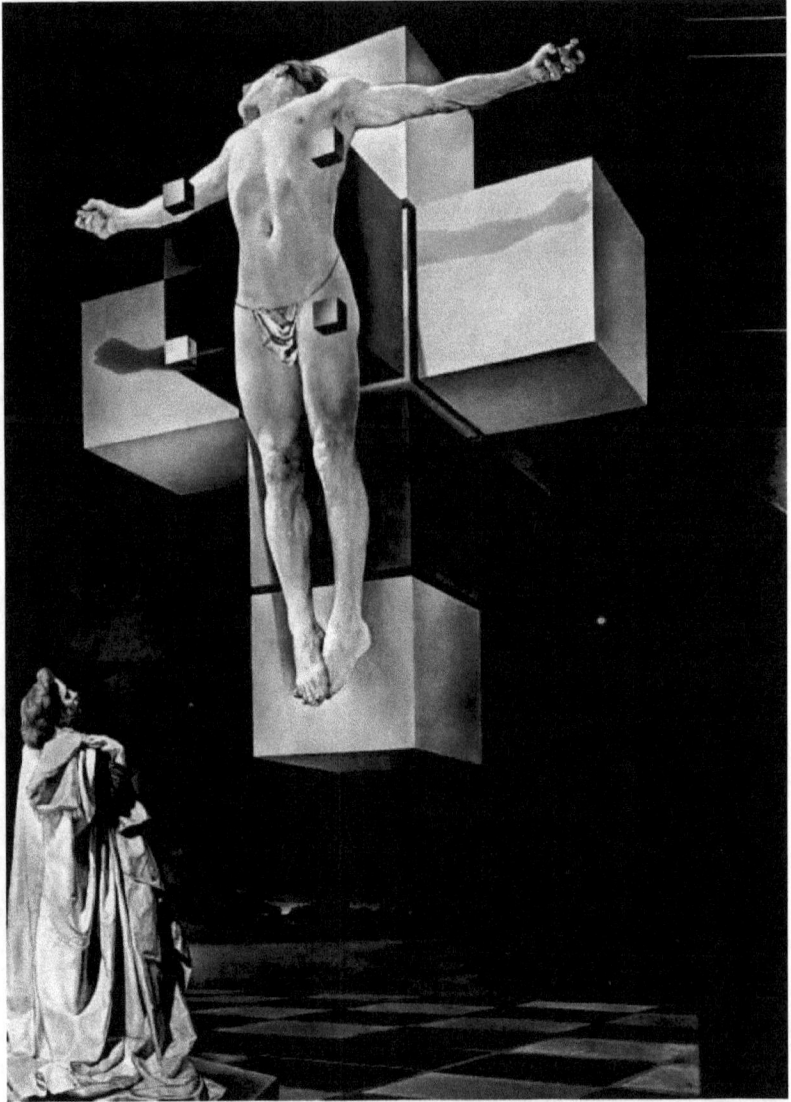

Salvador Dalí, *Crucifixion (Corpus Hypercubus)*

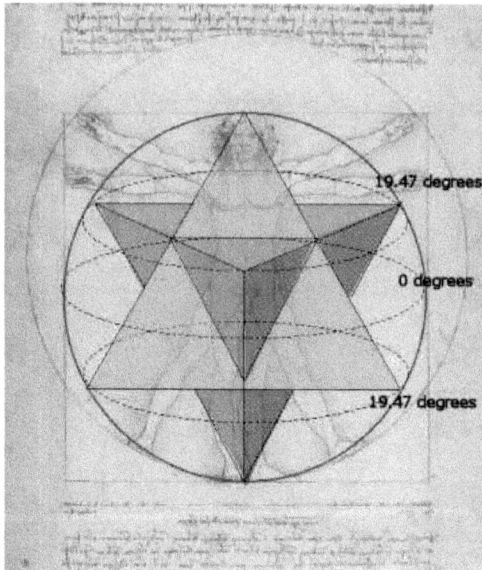

Merkaba; Léonard de Vinci, *Homme vitruvien*

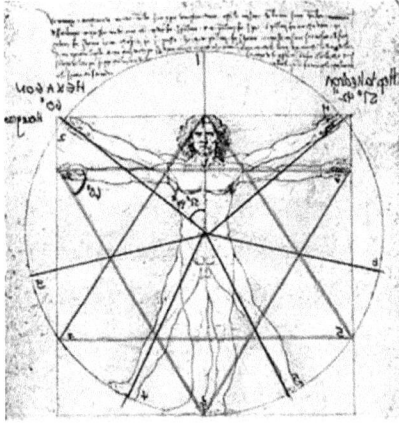

Léonard de Vinci, *homme vitruvien*; octaèdre pour *De divina proportione* de Luca Pacioli; version de l'octaèdre visibilisant ses arêtes

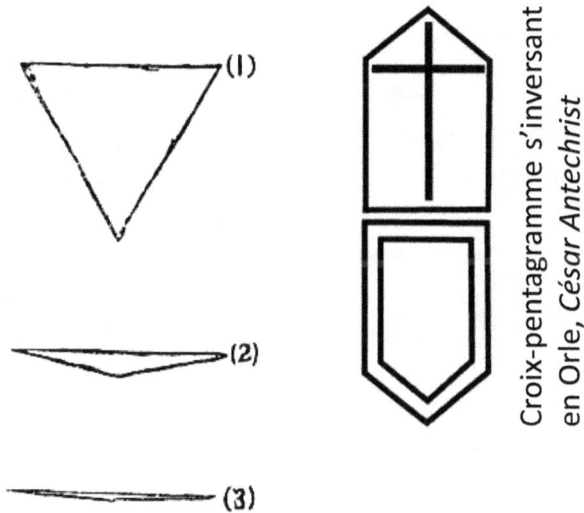

Edwin Abbott Abbott, *Flatland*, Fig. 1-3 § 1

Arcanes III, VII, XIX, XXIII, *Petit Oracle des dames ou Récréation des curieux* (jeu de cartes imprimé à Paris, chez la Veuve Gueffier, 1807); Arcanes III, V, VIII, XIV, *Grand jeu de l'Oracle des Dames* (jeu de cartomancie à enseignes italiennes dessiné par le parisien G. Regamey, 1890-1900); Arcane III, Tarot Egyptien de Laura Tuan; Tarot d'Antoine Court de Gebelin (1781), Arcanes XV, XVIII, XIX; Grand Etteilla (1785), Arcanes II, III, IV, XIV; Arcane III sous forme isiaque du Tarot

Eau.

Force Majeure.

Entreprise.

La Loi et La Foi.

Sureté et Harmonie des Peuples.

Le Désir.

LES PLANTES.

LES PLANTES.

REPOS.   REPOS.

LE DIABLE.

LE DIABLE.

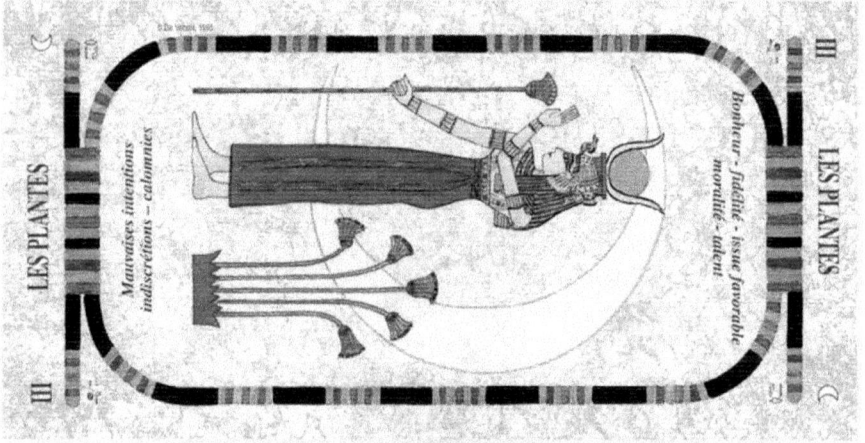

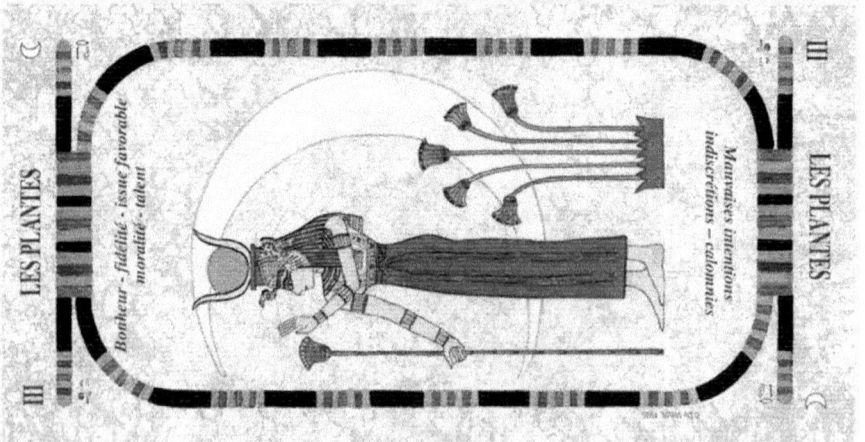

2 2.ᵉ Element 1.ʳ Création.

ECLAIRCISSEMENT.

Feu.

3 1 El 3.ᵉ Cré.

PROPOS.

Eau.

5 4. El 6. Cré.

VOYAGE.

Terre.

14.

FORCE MAJEURE.

Force Majeure.

XV.

XVIII.

XIX.

The Empress

75.

CÉLÉBRITÉ
FAME

MÉDIOCRITÉ
MEDIOCRITY

75.

5. 4. El. 6. Cré.

VOYAGE.

TERRE.

XXI.

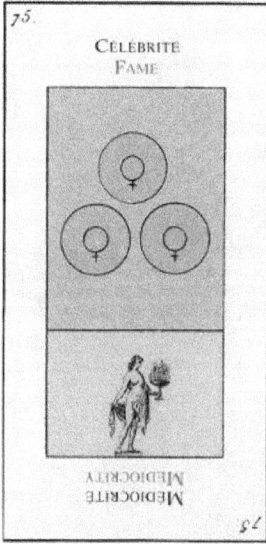

Grand Etteilla, Arcane 75; Tarot d'Etteilla (1785), Arcane V; Tarot de Court de Gebelin, Arcane XXI

Petit Oracle, Arcane I

Hexastichon Sebastiani Brant in memorabiles euangelistar figuras

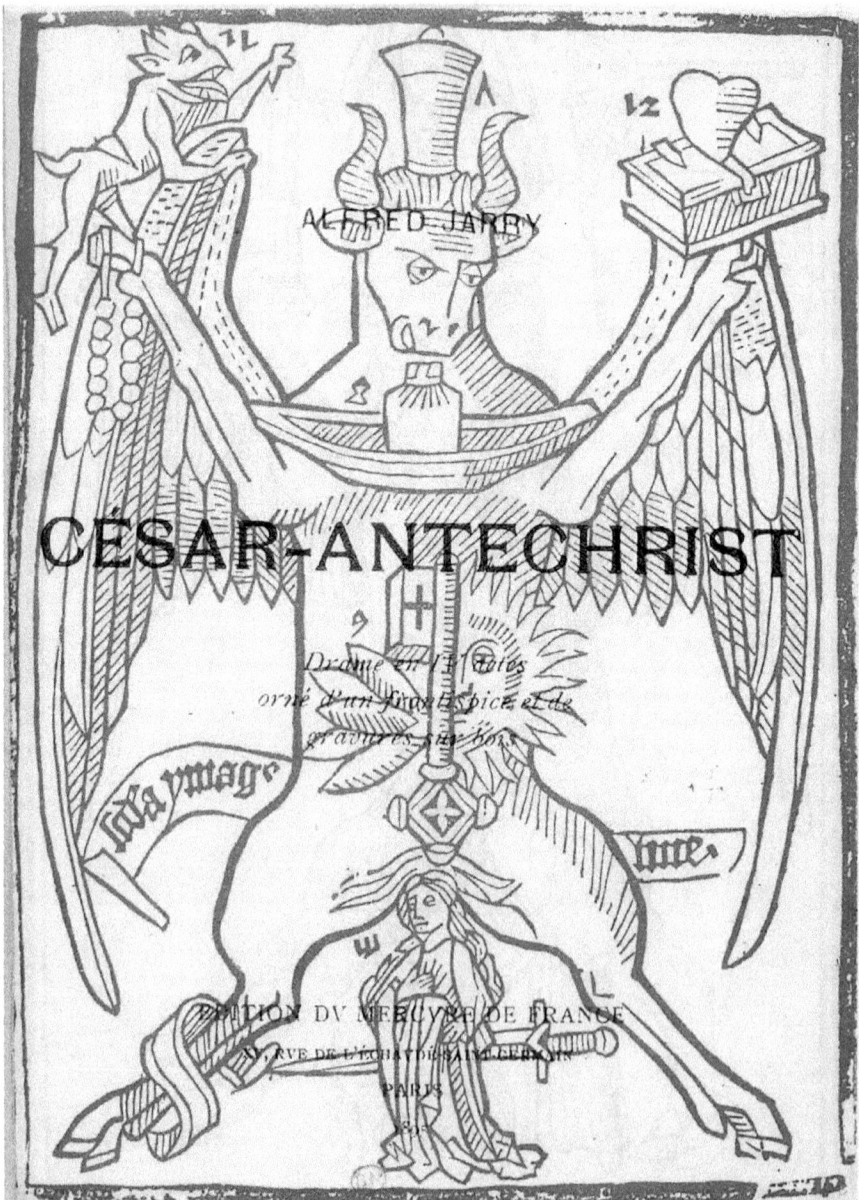

ALFRED JARRY

CÉSAR-ANTECHRIST

Drame en 11 actes
orné d'un frontispice et de
gravures sur bois

ÉDITION DU MERCURE DE FRANCE
XV, RUE DE L'ÉCHAUDÉ-SAINT-GERMAIN
PARIS

www.ingramcontent.com/pod-product-compliance
Lightning Source LLC
Chambersburg PA
CBHW072348090426
42741CB00012B/2969